LITERATURHINWEISE
ZUR
LINGUISTIK

BAND 7

Herausgegeben im Auftrag des
Instituts für Deutsche Sprache
von Elke Donalies

Ruth M. Mell
Melanie Seidenglanz

Sprache und Sprachgebrauch in der Weimarer Republik

Universitätsverlag
WINTER
Heidelberg

Bibliografische Information der Deutschen Nationalbibliothek

Die Deutsche Nationalbibliothek verzeichnet diese Publikation
in der Deutschen Nationalbibliografie;
detaillierte bibliografische Daten sind im Internet
über *http://dnb.d-nb.de* abrufbar.

ISBN 978-3-8253-6791-6

© 2017 Universitätsverlag Winter GmbH Heidelberg
Imprimé en Allemagne · Printed in Germany
Druck: Memminger MedienCentrum, 87700 Memmingen

Gedruckt auf umweltfreundlichem, chlorfrei gebleichtem
und alterungsbeständigem Papier

Den Verlag erreichen Sie im Internet unter:
www.winter-verlag.de

Inhaltsverzeichnis

A. EINLEITENDER TEIL

1.   Die Weimarer Republik als Forschungsgegenstand

Der Historiker Heinrich August Winkler bezeichnet die Weimarer Republik als das

> „große Laboratorium der klassischen Moderne, eine Zeit des kulturellen Aufbruchs, der Befreiung von hohlen Konventionen, der großen Triumphe einer weltoffenen künstlerischen und intellektuellen Avantgarde. Mit der ersten Republik verbindet sich aber auch die Erinnerung an gewaltsame Umsturzversuche und galoppierende Inflation, an Massenarbeitslosigkeit und politischen Radikalismus, an die Krisen und den Untergang einer Demokratie, der in den Augen vieler Deutschen von Anfang an der nationale Makel anhaftete, dass sie aus der militärischen Niederlage Deutschlands im Ersten Weltkrieg erwachsen war." (Winkler 1998, 11)

Die Weimarer Republik (1918–1933) ist zum einen als unmittelbar der Kaiserzeit nachfolgender Zeitabschnitt, zum anderen als erste deutsche Demokratie, aber gleichzeitig auch als Vorläuferperiode der Diktatur des Nationalsozialismus, einer der relevanten historischen Zeiträume der jüngeren deutschen Geschichte.

Die Anfangsjahre dieser umbruchsgeschichtlich bedeutsamen Epoche waren durch vielfältige Probleme und Fragestellungen in den verschiedenen politischen und sozialen Handlungsfeldern geprägt. Innen- und wirtschaftspolitisch belasteten eine beispiellose Inflation, starke wirtschaftliche Rezession, Rekordarbeitslosigkeit sowie außenpolitisch die massiven Reparationsforderungen das politische und gesellschaftliche System. Die Besetzungen von Teilen der Republik, unter anderen des ökonomisch bedeutsamen Ruhrgebiets, und die durch den Versailler Vertrag von den Siegermächten oktroyierten Gebietsabtretungen, zum Beispiel von Elsaß-Lothringen, sind als weitere schwierige Hypotheken, die die noch junge Republik belasteten, anzuführen. Auf die für das deutsche Volk bittere Kriegsniederlage im Ersten Weltkrieg folgte die Novemberrevolution mit einer Transition von einer obrigkeitstreuen Monarchie zum staatspolitischen Novum einer demokratischen Republik sowie die Verabschiedung der Weimarer Verfassung. Der junge Staat sah sich Angriffen auf das republikanische System mit Putschversuchen des rechten und linken Parteienspektrums ausgesetzt, wie dem Kapp-Lüttwitz-Putsch und dem Aufstand der „Roten Ruhrarmee" von 1920 oder dem Hitler-Putsch 1923. Zudem erschütterten politische Morde, unter anderen an Karl Liebknecht, Rosa Luxemburg, Matthias Erzberger und Walther Rathenau, sowie politische und ökonomische Skandale das Fundament der Republik.

Dennoch kam es zugleich zu einer Zeit des wirtschaftlichen und kulturellen Aufschwungs, den „Goldenen Zwanziger Jahren". Gerade diese Widersprüchlichkeit zwischen Aufbruch und Neuanfang, aber auch dem gleichzeitigen Festhalten an tradierten Mustern der Kaiserzeit unter dem für Weimar bestimmenden Leitthema des Krisenhaften, sind Charakteristika, die diese Epoche signifikant kennzeichnen.

In Bezug auf die gesellschaftspolitische Entwicklung der ersten deutschen Demokratie waren die Jahre 1918–1933 vor allem deshalb von hoher Relevanz, da nun erstmals eine politische Alternative zum Prinzip des Obrigkeitsstaates etabliert wurde. Nicht minder bedeutsam waren sie insofern „für den weiteren Gang der deutschen Geschichte [...], weil es nach der monströsen Radikalisierung dieses Prinzips in der NS-Diktatur nach 1945 für die Aufrichtung einer neuen staatlichen Ordnung erstmals Vorbilder gab, die [...] in der Praxis schon einmal erprobt waren." (Schlosser (Hrsg.) 2003, 14)

Im Gegensatz zu der aus (polito)linguistischer Perspektive verstärkt dokumentierten Sprache und dem Sprachgebrauch in der Zeit der nationalsozialistischen Diktatur dient die Periode der Weimarer Republik sowohl als positives als auch negatives Referenzobjekt für die Gesellschaft, das politische System und auch den öffentlichen Sprachgebrauch der späteren zweiten deutschen Demokratie, unserer heutigen Bundesrepublik (Eitz 2009, 13 f.). Die Weimarer Republik ist, wie Haß-Zumkehr (1998, 226) konstatiert, „sprachgeschichtlich kaum erforscht", da in der germanistischen Sprachwissenschaft nicht einmal ein wirklicher Konsens darüber besteht, ob sie als eigenständige sprachgeschichtliche Epoche zu bewerten ist bzw. ob das Jahr 1918 somit überhaupt als ‚echte' Zäsur zu bewerten sei (vgl. Eitz 2009, 1). Peter von Polenz (1999, 545) erklärt, dass nahezu dreiviertel der bisher erschienenen linguistischen Studien, die sich mit der Weimarer Republik beschäftigen, die Sprache der ersten deutschen Demokratie als reine „Vorbereitungszeit" für die Sprache im Nationalsozialismus begreifen und entsprechend analysieren und bewerten.

Wie Thorsten Eitz (2009, 1 ff.) feststellt, gibt es zwar zum öffentlichen Sprachgebrauch des 20. Jahrhunderts in Deutschland eine inzwischen unüberschaubare Anzahl von – häufig diskurslinguistisch oder sprachgeschichtlich orientierten – Analysen und Darstellungen. Jedoch fokussieren die meisten Studien auf den Sprachgebrauch des bzw. im Nationalsozialismus. Demgegenüber hat sich die germanistische Linguistik bei der Erforschung des öffentlichen Sprachgebrauchs der Weimarer Republik zunächst abstinent verhalten. Eitz (ebd., 3) fasst den Stand der Forschung bis 2009 daher wie folgt zusammen:

> „Die bisher vorliegenden sprachwissenschaftlichen Analysen haben sich weitgehend auf ‚den Sprachgebrauch in Reden und Schriften von Nationalsozialisten von 1920 bis 1933 bzw. aus ihrem radikalnationalistischen, konservativen oder bündischen Umfeld' (von Polenz 1999, 545) beschränkt. Die einschlägigen Arbeiten fassen hierbei ‚die erste deutsche Republik' großenteils nur als Vorbereitungszeit der ‚Sprache des Dritten Reichs' auf und vernachlässigen die ‚andere Seite der politischen Sprache der Weimarer Republik, die Ansätze zu demokratischer Erneuerung und Friedenspolitik, […] semantische Kämpfe und Bezeichnungskonkurrenzen, Begriffs- und Diskursgeschichte' (von Polenz 1999, 545; vgl. Schlosser (Hrsg.) 2003, 14).“ (Eitz 2009, 3)

In historischen, politikwissenschaftlichen und soziologischen Arbeiten zur deutschen Arbeiterbewegung wird die Sprache der Akteure von Parteien, Frauen, Jugend, Kirche und Intellektuellen in der Weimarer Republik, aber auch deren Themen wie Rätesystem oder Frauenwahlrecht sowie Topoi wie *Dolchstoß* (vgl. unter anderen Lobenstein-Reichmann 2002), *Krise* (vgl. unter anderen Lamsdorf 1990) oder *Verrat* (vgl. Seidenglanz 2014) bisher nur peripher zum Forschungsobjekt.

Zwar zählt die Revolution 1918/19 nach historischer Einschätzung zu einem der am detailliertesten erforschten Zeitabschnitte neuerer deutscher Geschichte; so fehlen doch – aus linguistischer Perspektive ergänzende – Forschungsbeiträge. Diesem Desiderat haben sich vor allem in den letzten Jahren zwei große Forschungsprojekte mit unterschiedlicher Zielsetzung und Ausrichtung gewidmet. So entstanden zum einen in dem interdisziplinären Projekt unter Leitung von Heidrun Kämper, Peter Haslinger und Thomas Raithel „Die Weimarer Republik als sprachliche Zäsur" (2010–2013) zahlreiche Arbeiten an den drei beteiligten Leibniz-Einrichtungen: am Institut für Deut-

sche Sprache in Mannheim aus linguistischer, am Institut für Zeitgeschichte in München aus historischer sowie am Herder-Institut in
Marburg aus historisch/kulturwissenschaftlicher Perspektive (vgl.
unter anderen Kämper/Haßlinger/Raithel (Hrsg.) 2014, Mell 2014).
Zum anderen wurde in Trier und Düsseldorf (2009–2013) das Projekt
„Diskursanalyse des öffentlichen Sprachgebrauchs der Weimarer Republik" von der Deutschen Forschungsgemeinschaft gefördert (vgl.
unter anderen Eitz/Wengeler 2013).

Solche Beiträge konnten die bis heute bestehende Forschungslücke
ein Stück weit schließen. Der vorliegende Bibliografieband der Literaturhinweise zur Linguistik (Lizuli) ermöglicht ergänzend hierzu
einen Überblick über das Forschungsfeld der Sprache, der Sprecher
und deren Themen in der Weimarer Zeit. Wer sich eingehender zur
Kategorie *Diskurs* informieren möchte, der sei auf den 3. Band der
Literaturhinweise zur Linguistik verwiesen (Schmidt-Brücken 2016).

2.   Theoretische Einordnung: Die Sprache der Weimarer Republik als Ergebnis eines politischen, sozialen und kulturellen Umbruchs

Zur Bewertung historischer Daten und Fakten analysieren Geschichtswissenschaftler beispielsweise für den Umbruch 1918 bedeutsame Dokumente wie die Waffenstillstandserklärung, den Versailler Vertrag oder die durch Scheidemann und Liebknecht gleich zweifach erfolgte Ausrufung der Republik. Für Historiker ist dabei nicht die Sprache per se von Interesse, sondern die historischen Konsequenzen, die der Sprachverwendung der Akteure folgen.

Neuere sprachwissenschaftlich orientierte Forschungsbeiträge zur Weimarer Republik beschäftigen sich mit Sprache als kulturell und sozial gebundenem Artefakt. Im Zuge des ‚linguistic turn' bildete sich in den Sozial- und Geisteswissenschaften eine primäre Fokussierung auf Sprache heraus; eine kulturwissenschaftlich orientierte Linguistik rückt die soziale Bedingtheit von Sprache in den Analysefokus. Sprache ist nach kulturlinguistischer Auffassung ein zentraler Bestandteil von Kultur und unterliegt – wie Kultur selbst – stetigen Wandelprozessen. Die sozialen, ökonomischen und politischen Bedingungen für den Sprachgebrauch einer historischen Periode können mittels der Perspektive einer kulturwissenschaftlich orientierten Linguistik analysiert werden (vgl. unter anderen Kämper 2007).

Eine kulturwissenschaftlich arbeitende Linguistik zeigt damit ein umgekehrtes Erkenntnisinteresse als die Geschichtswissenschaft. Sprachwissenschaftler analysieren Sprache, genauer den Sprachgebrauch, und setzen diesen als Startpunkt für die Untersuchung bestehender sozialer, kultureller und politischer Bedingungen. Linguistinnen und Linguisten untersuchen demnach die Sprache, mittels derer Sprecherinnen und Sprecher, in unserem Fall in der Weimarer Republik, ein Ereignis sprachlich fassen; sie analysieren mit anderen Worten schriftlich fixierte Kommunikationssituationen. Ein veränderter Wortschatz der Sprachnutzer ist aus linguistischer Perspektive das Kondensat politischer, sozialer und ökonomischer Transformationen. Dabei ist es aus dieser Sicht keineswegs ertragreich, sich ausschließlich an der Ereignisgeschichte zu orientieren und lediglich historische Ereignisse und ihre Folgen zu erforschen. Der Sprachwissenschaftlerin Angelika Linke zufolge ist es hingegen „spannend zu sehen, wo eine Sprachgebrauchs- oder Kommunikationsgeschichte eben nicht parallel zum Sozialhistoriker Zäsuren und Einschnitte vornimmt" (Linke 1998, 353 f.).

Ein entscheidender Beitrag der Linguistik ist, die Faktorfunktion von Sprache herauszustellen, denn Sprache erzeugt Wirklichkeit: Sprache ist nicht nur Indikator, sondern auch Faktor historisch-sozialer Prozesse (vgl. Koselleck 1979, 29). Politische und soziale Veränderungen im Machtgefüge können auch sprachliche Verschiebungen auslösen, denn jedweder politische Wechsel wird immer auch sprachlich manifestiert und konstituiert. Durch die Worte *Hiermit trete ich von meinen Ämtern zurück* erzeugen zurücktretende Politiker eine neue politische und soziale Wirklichkeit (vgl. Seidenglanz 2011). Mittels Sprache werden politische und soziale Sachverhalte nicht nur beschrieben und repräsentiert, sondern eben auch erzeugt. Auf die gleichzeitige Indikatoren- und Faktorenrolle von Begriffen hat Reinhart Koselleck in seinen Schriften ausführlich hingewiesen (vgl. unter anderen Koselleck 1979 und 2003).

Eine Perspektive, welche den Sprachgebrauch im sozialen, ökonomischen und politischen Kontext adäquat zu analysieren vermag, ist die der linguistischen Diskursanalyse, da diese auch die Integration hin zur Zeit- und Sozialgeschichte ermöglicht. Mittels der linguistischen Diskursanalyse ist die serielle Verwendung lexikalischer Einheiten im Weimarer Diskurs vor dem Hintergrund der historischen politisch-gesellschaftlichen Bedingungen analysierbar.

Dieser Bibliografie liegt die Konzeption eines sprachgeschichtlichen Umbruchs von 1918 zugrunde. Umbruch ist in diesem Sinn zu verstehen als wissenschaftlicher Gegenstand, den Heidrun Kämper als linguistischen Ansatz einer sprachlichen Umbruchgeschichte beschreibt. Diese Zugriffsperspektive basiert auf der Annahme, dass die Sprache nicht die bloße „Spiegelung der Ereignisgeschichte" darstellt, sondern „sprachhistorische Veränderungen durch politische, kulturelle, wissenschaftliche, gesellschaftliche Ereignisgeschichte verursacht" sind (Kämper 2007, 429).

Kämper folgend ist davon auszugehen, dass die tradierte Unterteilung der Sprachgeschichte – im Sinne Peter von Polenz' – die kurzfristigen kulturgeschichtlichen, mithin sehr heftigen Schübe und Wandlungsprozesse, nicht adäquat abbilden kann. Die Sprachgeschichte kann sich nicht ausschließlich auf die Entwicklung des Sprachsystems beschränken, denn es gibt bestimmte historische Konstellationen, die zu unerwarteten und raschen sprachlichen Veränderungen führen.

Umbruch ist keine Kategorie des Sprachwandels bzw. der Sprachgeschichte, sondern eine auf primär Gesellschafts- und Politikgeschichte bezogene sprachgebrauchsgeschichtliche Entität zur Beschreibung rascher sprachlicher Veränderungen, die mit situativen gesellschaftlich-politischen Transitionen korrelieren. Den tradierten Paradigmen der Sprachgeschichte fehlt damit eine kulturanalytische wie diskurshistorisch motivierte „Umbruchkonzeption als Grundlage eines sprachgeschichtlichen Modells" (Kämper 2008, 205).

Die sprachlichen Veränderungsprozesse im Spannungsverhältnis von Zeitgeschichte und Politik sind Gegenstand der Sprachgebrauchsgeschichte historischer Epochen, Perioden oder Diskurse, wie dem der Weimarer Republik. Die Paradigmen der Sprachgeschichte spiegeln dabei zwar Phasen dynamischer sprachlicher Entwicklungen, rücken jedoch das gesellschaftlich bedingte initiale Moment, als anfänglichen Auslöser sprachlicher Veränderungen, nicht in den Fokus. Ergänzend hierzu bezieht eine Umbruch- oder Zäsurkonzeption Gesellschafts- und Sprachgeschichte aufeinander.

Die historiografische deutsche Zäsurgeschichte des 20. Jahrhunderts differenziert fünf Ereignisse, die unter die Kategorie *politischer Umbruch* zu fassen sind (vgl. etwa Papenfuß/Schieder 2000).

• Die erste Zäsur ist das Ende des Ersten Weltkriegs sowie die Revolutionszeit zu Beginn der Weimarer Zeit (1918/19).
• Die zweite Zäsur erfolgt mit der Machtergreifung der Nationalsozialisten (1933).
• Der dritte Umbruch markiert das Ende des Zweiten Weltkriegs und das Ende der Diktatur des Nationalsozialismus (1945).
• Dem folgt die gesellschaftliche Infragestellung der Demokratie der Protestjahre 1967/68.
• Am Ende steht der Fall der Berliner Mauer (1989) als bisher letzter Umbruch mit dem damit einhergehenden Ende der zweiten Diktatur auf deutschem Boden.

Immer wieder gibt es Phasen der Gesellschafts- und Politikgeschichte, die plötzliche sprachliche Veränderungen auslösen bzw. sprachlichen Entwicklungen zu einer besonderen Dynamik verhelfen. Ein Umbruch wird dabei weder von einer ganzen Gemeinschaft initiiert und getragen, noch stellt er ein individuelles Phänomen dar. Vielmehr ist ein Umbruch eine von einer spezifischen Sprechergruppe – den Diskursbeteiligten – initiierte gesellschaftliche und sprachliche Veränderung.

3. Sprache der Weimarer Republik: Stimmengewirr in unsicherer Zeit

Die Weimarer Anfangsjahre zeichnen sich durch verschiedene politische, soziale, ökonomische, technologische und kulturelle Veränderungsprozesse aus. Mit dem Wandel in diesen Bereichen verändert sich auch die Sprache und das Sprechen über diese Domänen und deren Gegenstände. Sprachlicher Wandel manifestiert sich in der Weimarer Republik insbesondere im parlamentarisch-demokratischen Wortschatz. Kämper verweist hierbei auf die wachsende Bedeutung des politisch-sozialen Wortschatzes, der einen

> „Demokratisierungsschub erfahren hat, als die lexikalischen Repräsentanten des damaligen Neuerungsdiskurses seither zum festen Inventar der demokratischen Rede zählen: die Bezeichnungen demokratischen Handelns, das Organisationsvokabular des demokratischen Parlamentarismus, das Lexikon der repräsentativen Demokratie" (Kämper 2009, 12).

So sind etwa *Reichspräsident, Parlament, Ausschuss, Frauenwahlrecht* oder *Kabinett* lexikalische Einheiten, die im parlamentarisch-demokratischen Sprachgebrauch vermehrt an Bedeutung gewinnen. Die Demokratie als neue Staatsform erfordert einen neuen Wortschatz. Der Kulturwissenschaftler Peter Gay bezeichnet die Weimarer Republik – trotz dieser demokratischen Orientierung – als eine Zeit, die zwischen Progressivität und Rückschritt, zwischen Staatskrise und Stabilität schwankte:

> „Die ersten vier Jahre der Republik waren Jahre einer fast unaufhörlichen Krise, eine Zeit der Heimsuchungen. Der blutige Bürgerkrieg; das Wiederauftauchen des Militärs als politischer Faktor; der vergebliche Versuch, das Bündnis zwischen Adel und Industrie, welches das Kaiserreich beherrscht hatte, zu diskreditieren; die häufigen politischen Attentate" (Gay 1968, 29).

Die Omnipräsenz politischer, wirtschaftlicher und gesellschaftlicher Krisen und Skandale im Alltag bedingten in der Weimarer Zeit einerseits eine Haltung des Kompromisses und des Ausgleichs. Während einerseits die Weimarer Verfassung ein Produkt des politischen und gesellschaftlichen Konsenses darstellt, ist jedoch andererseits in Bezug auf den politischen Sprachgebrauch der Weimarer Republik eine konfrontationsgeprägte Radikalisierung festzustellen. Seit der Republikgründung war die noch unerfahrene Demokratie Angriffen der extremen rechten und linken Akteure ausgesetzt. Sowohl monarchistische und völkisch-nationalistische als auch die linken, die aus der Revolution zunächst erstarkten Kräfte, bekämpften die neue Staatsform mittels verbaler Attacken, Diffamierungen des politischen Systems, Putschversuchen, Revolten oder griffen sogar auf das alle Grenzen überschreitende Instrumentarium des politischen Mordes zurück. Die politischen Auseinandersetzungen waren durch gewaltsame Übergriffe geprägt, ein Phänomen, das vor Kriegsbeginn 1914 weitgehend unbedeutend bzw. unbekannt war. Sprachliche Strategien wie Hetze, Polemik, Lüge und Verleumdung der Gegner bedingten eine regelrechte Dynamik des Hasses und eine Spirale der Gewalt, deren Resultat auch ein demagogischer Sprachgebrauch der politischen Akteure ist.

Gleichzeitig existierte in der Weimarer Zeit auch eine Friedens- und internationale Bewegung, die sich den deutschnationalen Kräften entgegenstemmte. In Ergänzung zu dem bisher intensiv untersuchten Sprachgebrauch der nationalistischen Akteure, gilt es somit, die „andere Seite der politischen Sprache der Weimarer Republik, die Ansätze demokratischer Erneuerung und Friedenspolitik, auf semantische Kämpfe und Bezeichnungskonkurrenzen, Begriffs- und Diskursgeschichte der Weimarer Republik" zu analysieren (von Polenz 1999, 545).

Hervorzuheben ist aber auch, dass sprachgeschichtliche Anknüpfungspunkte und Fortsetzungen zur Kaiserzeit bzw. generell zum 19. Jahrhundert nach der Republikgründung weiter bestehen. Sprachgeschichtliche Kontinuität ist somit ebenfalls ein wesentliches Charakteristikum der Weimarer Sprache.

Die politische Sprache der Weimarer Republik charakterisiert Thomas Mergel allgemein als „eigentümlich pathetisch und hypertroph" (Mergel 2002, 292 f.). Mergel warnt in seinen Forschungsbeiträgen davor, den pathetischen Stil der Diskursbeteiligten in der Weimarer Republik überzubewerten und auf einen „Sprachduktus hereinzufallen, der moralische und existentielle Horizonte vielleicht nicht deshalb setzt, weil die Sprecher selbst so emphatisch empfinden (wie das heute die Voraussetzung für die Benutzung dieser Worte wäre), sondern der maximalistisch ausgestaltet sein muss, um verstanden zu werden" (ebd.).

Neben einem pathetischen Sprachduktus der Diskursbeteiligten ist auch der häufige Einsatz demagogisch gebrauchter Ausdrücke als weitere Tendenz im Sprachgebrauch der Weimarer Republik anzuführen. Beispiele für den demagogischen Sprachgebrauch sind Bezeichnungen wie *Novemberverbrecher, Dolchstoßler* für die Sozialdemokraten oder *Diktatfriede, Schandfriede, Schmähfriede* für den Versailler Vertrag. Obwohl Vertreter des extremen rechten und linken Spektrums ideologisch wie programmatisch diametral entgegengesetzte Ziele verfolgten, so entsprechen sie sich doch in ihren sprachlichen Argumenten und Strategien, um das noch junge parlamentarisch-demokratische politische System gezielt zu verhöhnen und zu diffamieren. So gibt es starke Ähnlichkeiten zwischen dem demagogischen Sprachgebrauch von linksextremen wie rechtsextremen Akteuren.

> „Mit den Mitteln der nationalen Verhetzung, den Schlagworten von ‚Dolchstoß‘, ‚Verrat‘, ‚Novemberverbrecher‘, ‚Schmachdiktat‘ wurden die demokratischen Kräfte, die diese Republik aufgebaut hatten und trugen, beschimpft und bekämpft." (Miller/Potthof 1981, 100)

Die vorliegende Bibliografie orientiert sich am Grundsatz einer differenzierten Analyse des Sprachgebrauchs unterschiedlicher Akteure, besonders mit dem Fokus auf das Verständnis dieser Zeitspanne als sprachhistorische Zäsur. So bilden die Sprechergruppen des Diskurses der Weimarer Republik eine aus heterogenen Teilgemeinschaften bestehende komplexe Formation, die durch unterschiedliche Erfahrungs- und Wahrnehmungshorizonte und eine spezifische Identität gekennzeichnet ist. Insofern die Perspektivgebundenheit der Diskursbeteiligten weltbild- und einstellungsprägend ist, beeinflusst sie die thematisch häufig kontroverse sprachliche Ausgestaltung der diskursgebundenen Kommunikationsbeiträge. Themenunabhängig sind die Diskursbeteiligten, die durch ihre sprachlichen Äußerungen den Diskurs tragen, Repräsentanten der diversen gesellschaftlichen Domänen, beispielsweise des Parlamentarismus und der Parteien, der Gewerkschaften und Verbände, der Wirtschaft, der Jugend, der Justiz, der Kirche und Theologie oder von Kunst und Kultur sowie von Schule und Bildung.

In der Weimarer Republik bestand somit eine ausgeprägte politische Variabilität und Zersplitterung der Gesellschaft. Hieraus resultierte ein konfliktorientierter Sprachgebrauch der einzelnen Parteien und auch anderer Akteure, der als „Stimmengewirr der frühen Weimarer Zeit" (Kämper 2009, 13) kommunikativ gefasst werden kann. Die unterschiedlichen Positionen, Mentalitäten und Geisteshaltungen der politischen und sozialen Akteure manifestieren sich in eben jenen sprachlichen Äußerungen. Vgl. Kämper (2017). Dabei vertreten die unterschiedlichen Diskursbeteiligten immer diejenige Position, die ihrer Argumentationslinie, Geisteshaltung und ihren Werten weitestgehend entspricht. Die Analyse jener Stimmenvielfalt der Weimarer Republik ist Ziel einer kulturwissenschaftlich orientierten Linguistik. Diesem Diktum fühlt sich diese Bibliografie verpflichtet.

4.   Zum Aufbau der Bibliografie

Der bibliografische Teil des Bandes ist in vier größere Abschnitte gegliedert. Einige Titel werden aufgrund ihrer Relevanz für unterschiedliche Domänen in mehreren Kapiteln aufgeführt. So kann die Bibliografie sowohl disziplinen-, themen- als auch akteursbezogen rezipiert werden.

Abschnitt 1 bilden die Wörterbücher, Lexika und Enzyklopädien, die zur Weimarer Zeit erschienen sind. Diese Publikationen verdeutlichen, wie bestimmte Begriffe wie *Volk, Republik, Demokratie* oder *Sozialismus* in der Weimarer Republik definiert und verwendet wurden. Der Zugriff über die Wörterbücher erlaubt einen ersten Zugang, um sich einen bestimmten Themenbereich oder einer bestimmten Sprechergruppe zu nähern.

Abschnitt 2 präsentiert Quellen- und Quellensammlungen. Diese Auswahl ermöglicht einen Überblick über die wichtigsten Dokumente, etwa zur Verfassungsgeschichte oder zur Republikausrufung, und ermöglicht die gezielte Recherche nach weiteren ergänzenden Quellen.

Abschnitt 3 fokussiert methodische Zugänge und theoretische Perspektiven und umfasst den linguistischen Zugriff, Verfahren der Politolinguistik, Historische Semantik, Begriffsgeschichte und Sprachgeschichte sowie Diskurslexikographie und Umbruchgeschichte. Den Studierenden benachbarter Teildisziplinen erlauben diese Studien eine erste methodische und theoretische Einordung.

Abschließend umfasst **Abschnitt 4** themenbezogene Studien und Forschungsbeiträge mit den zentralen Themen und Domänen, auf die Sprecherinnen und Sprecher im Weimarer Diskurs sprachlich referieren und somit den Weimarer Diskurs als solchen konstituieren. So finden sich im Unterabschnitt **4.1** Forschungsbeiträge zu Parteien, Geisteshaltungen und zur historischen Bedeutung der Epoche allgemein. Das politische System umfasst der Unterabschnitt **4.2** mit Themen Nationalversammlung, Weimarer Verfassung und Staatsrecht, Versailler Vertrag, Außenpolitik und Europabewegung oder Sozialdemokratie und Arbeiterbewegung. Auskunft zum sozialen Gefüge ermöglicht Unterabschnitt **4.3** zum Weimarer Gesellschaftsbild mit Untersuchungen aus den Sprechergruppen und Themenfeldern Frauen, Jugend, Bildung, Kirche, Wirtschaft und Justiz.

5.   Allgemeine Hinweise zur Benutzung dieser Bibliografie

Diese Bibliografie ist als ergänzender Beitrag zur Erforschung der Sprachgeschichte der Weimarer Republik zu verstehen, mit dem Ziel, einen (polito)linguistischen, historischen sowie kulturwissenschaftlichen Einblick in die Forschungsbestände und Quellen der ersten deutschen Republik zu ermöglichen. Der Fokus der angeführten Forschungsbeiträge liegt hierbei immer auf der Interdependenz von Politik, Gesellschaft und Sprache.

Viele Arbeiten im Feld der neueren Sprachgeschichte sind interdisziplinär ausgerichtet. Diesem Umstand trägt diese Bibliografie Rechnung: Insofern der linguistische Forschungsbereich hier eng mit den Nachbardisziplinen wie der Geschichtswissenschaft, der Politologie oder der Kulturwissenschaft in Beziehung steht und sich mit deren Forschungsfragen überlappt, spiegelt auch die Literaturauswahl dieser Bibliografie den interdisziplinären Zugang wider.

Die Bibliografie dient als bibliografisches Nachschlagewerk, das sich vornehmlich an die Zielgruppe der Sprachwissenschaftlerinnen und Sprachwissenschaftler, aber auch an interessierte Historikerinnen und Historiker oder Politik- und Kulturwissenschaftlerinnen und -wissenschaftler richtet.

Die Bibliografie unterstützt Studierende, Promovierende und weitere Interessierte derjenigen Fachrichtungen, die einen systematischen Zugang zur neueren und neuesten Literatur rund um das Thema *Sprache und Sprachgebrauch in der Weimarer Republik* suchen.

Die Bibliografie ist Resultat unserer Forschungsarbeit, der systematischen Auswertungen relevanter Sammelbände sowie der Sichtung von Dissertationen und Habilitationen, die in der Regel einen adäquaten Forschungsüberblick ermöglichen. Orientierungshilfe boten hierbei die oben genannten Weimar-Projekte in Mannheim und Düsseldorf/Trier und bereits vorhandene Bibliografien anderer Fachdisziplinen. Diese Bibliografie erhebt keinen Anspruch auf Vollständigkeit, sondern trägt eine sorgfältige Auswahl von Quellenmaterial und Sekundärliteratur zusammen. Dabei wurden insbesondere Werke zur Parteienlandschaft, zum demokratischen System, zum Rechtssystem, zu bestimmenden Fragen der Zeit, zum Beispiel der Emanzipation der Frau sowie der Jugend, und zentralen Akteursgruppen (wie der Kirche) mit aufgenommen. Neben Analysen, die eine genuin diskurslinguistische Perspektive einnehmen, wurden auch Forschungen eng verwandter (Teil)Disziplinen herangezogen, insbesondere aus den Bereichen der Historischen Semantik und Begriffsgeschichte. Die hier verzeichnete Literaturauswahl umfasst Forschungsbeiträge bis einschließlich 2016.

Danksagung

Unser Dank gilt Eileen Nagler und Stefanie Reckenthäler sowie vor allem Petra Storjohann, die uns bei der Erstellung der Bibliografie administrativ unterstützt haben. Ebenso danken wir Heidrun Kämper für die umbruchsgeschichtliche Forschung und insbesondere für ihre projektbezogenen Untersuchungen zum Weimarer Demokratiediskurs, die bei der Erstellung der Bibliografie entscheidende Impulse geliefert haben. Zudem gilt unser Dank der Herausgeberin Elke Donalies für hilfreiche Hinweise und die Unterstützung bei der Endredaktion und der Drucklegung.

Mannheim, im Juni 2017   Ruth M. Mell und Melanie Seidenglanz

Literatur zum einleitenden Teil

EITZ, Thorsten (2009): Zum Konzept einer Sprachgeschichte der Weimarer Republik. In: Aptum 5/1, S. 1–17.

EITZ, Thorsten/WENGELER, Martin (2013): Vergessene Diskurse? Zur Diskursgeschichte der Weimarer Republik am Beispiel des Themas Wirtschaft. In: Felder, Ekkehard (Hrsg.): Faktizitätsherstellung in Diskursen. Die Macht des Deklarativen. (= Sprache und Wissen 13). Berlin/Boston: de Gruyter, S. 309–329.

GAY, Peter (1968): Die Republik der Außenseiter. Geist und Kultur in der Weimarer Zeit. 1918–1933. Frankfurt a. M.: Fischer.

HASS-ZUMKEHR, Ulrike (1998): Die Weimarer Reichsverfassung – Tradition, Funktion, Rezeption. In: Kämper, Heidrun/Schmidt, Hartmut (Hrsg.): Das 20. Jahrhundert. Sprachgeschichte, Zeitgeschichte. (= Jahrbuch Institut für Deutsche Sprache 1997). Berlin/New York: de Gruyter, S. 225–249.

KÄMPER, Heidrun (2017): Diskursgeschichtliches Analysemodell. [http://www1.ids-mannheim.de/lexik/sprachlicherumbruch/modell.html]

KÄMPER, Heidrun (2007): Linguistik als Kulturwissenschaft. Am Beispiel einer Geschichte des sprachlichen Umbruchs im 20. Jahrhundert. In: Kämper, Heidrun/Eichinger, Ludwig M. (Hrsg.): Sprach-Perspektiven. Germanistische Linguistik und das Institut für Deutsche Sprache. (= Studien zur Deutschen Sprache 40). Tübingen: Narr, S. 419–439.

KÄMPER, Heidrun (2008): Sprachgeschichte, Zeitgeschichte, Umbruchgeschichte. Sprache im 20. Jahrhundert und ihre Erforschung. In: Kämper, Heidrun/Eichinger, Ludwig M. (Hrsg.): Sprache, Kognition, Kultur. Sprache zwischen mentaler Struktur und kultureller Prägung. (= Jahrbuch Institut für deutsche Sprache 2007). Berlin/New York: de Gruyter, S. 198–224.

KÄMPER, Heidrun (2009): Neuner-Jahre. Stationen der sprachlichen Demokratiegeschichte. In: Sprachreport 4/2009, S. 10–15.

KÄMPER, Heidrun (2011): Politische Wechsel, sprachliche Umbrüche. Zum Verhältnis von Zeitgeschichte und Sprachgeschichte. In: Bock, Bettina/Fix, Ulla/Pappert, Steffen (Hrsg.): Politische Wechsel, sprachliche Umbrüche. (= Sprachwissenschaft 8). Berlin: Frank & Timme, S. 31–50.

KÄMPER, Heidrun (2017): Personen als Akteure. In: Roth, Kersten Sven/Wengeler, Martin/Ziem, Alexander (Hrsg.): Handbuch Sprache in Politik und Gesellschaft. (= Handbücher Sprachwissen 19). Berlin/Boston: de Gruyter, S. 259–279.

KÄMPER, Heidrun/HASLINGER, Peter/RAITHEL, Thomas (Hrsg.) (2014): Demokratiegeschichte als Zäsurgeschichte. Diskurse der frühen Weimarer Republik. (= Diskursmuster 5). Berlin/Boston: de Gruyter.

KOSELLECK, Reinhart (1979): Begriffsgeschichte und Sozialgeschichte. In: Koselleck, Reinhart (Hrsg.): Historische Semantik und Begriffsgeschichte. (= Sprache und Geschichte 1). Stuttgart: Klett-Cotta, S. 19–36.

KOSELLECK, Reinhart (2003): Die Geschichte der Begriffe und Begriffe der Geschichte. In: Carsten Dutt (Hrsg.): Herausforderungen der Begriffsgeschichte. Heidelberg: Winter, S. 3–16.

LAMBSDORFF, Hans Georg (1990): Die Weimarer Republik. Krisen, Konflikte, Katastrophen. Frankfurt a. M.: Lang.

LINKE, Angelika (1998): Abschlussdiskussion: Was gehört zur Sprachgeschichte des 20. Jahrhunderts. In: Kämper, Heidrun/Schmidt, Hartmut (Hrsg.): Das 20. Jahrhundert. Sprachgeschichte, Zeitgeschichte. (= Jahrbuch Institut für Deutsche Sprache 1997). Berlin/New York: de Gruyter, S. 345–368.

LOBENSTEIN-REICHMANN, Anja (2002): Die Dolchstoßlegende. Zur Konstruktion eines sprachlichen Mythos. In: Muttersprache 112/1, S. 25–41.

MELL, Ruth M. (2014): Vergangenheitsreflexion, Gegenwartsgefühl und Zukunftserwartung in der Umbruchzeit der frühen Weimarer Republik. Eine diskurslinguistische Analyse der sprachlichen Deutungsmuster Wende und Zusammenbruch. In: Kämper, Heidrun/Haslinger, Peter/Raithel, Thomas (Hrsg.): Demokratiegeschichte als Zäsurgeschichte. Diskurse der frühen Weimarer Republik. (= Diskursmuster 5). Berlin: Akademieverlag, S. 189–212.

MERGEL, Thomas (2002): Parlamentarische Kultur in der Weimarer Republik. Politische Kommunikation, symbolische Politik und Öffentlichkeit im Reichstag. Düsseldorf: Droste.

MILLER, Susanne/POTTHOF, Heinrich (1981): Kleine Geschichte der SPD. Darstellung und Dokumentation 1848–1980. 4. überarbeitete und erweiterte Auflage. Bonn: Neue Gesellschaft.

PAPENFUSS, Dietrich/SCHIEDER, Wolfgang (Hrsg.) (2000): Deutsche Umbrüche im 20. Jahrhundert. Tagungsbeiträge eines Symposiums der Alexander von Humboldt-Stiftung Bonn-Bad Godesberg, veranstaltet vom 14.–18. März 1999 in Bamberg. Köln: Böhlau.

POLENZ, Peter von (1999): Deutsche Sprachgeschichte vom Spätmittelalter bis zur Gegenwart. Band 3: 19. und 20. Jahrhundert. Berlin/New York: de Gruyter.

SCHLOSSER, Horst Dieter (2003): Einleitung. In: Schlosser, Horst Dieter (Hrsg.): Das Deutsche Reich ist eine Republik. Beiträge zur Kommunikation und Sprache der Weimarer Zeit. (= Frankfurter Forschungen zur Kultur- und Sprachwissenschaft 8). Frankfurt a. M.: Lang, S. 7–16.

SCHMIDT-BRÜCKEN, Daniel (2016): Diskurs. Literaturhinweise zur Linguistik, Band 3. Herausgegeben im Auftrag des Instituts für Deutsche Sprache von Elke Donalies. Heidelberg: Winter.

SEIDENGLANZ, Melanie (2011): „Mit sofortiger Wirkung". Deutsche Rücktrittserklärungen 2010 aus linguistischer Perspektive. In: Sprachreport 1/2011, S. 2–9.

SEIDENGLANZ, Melanie (2014): Wer hat uns verraten? Zur sprachlichen Konstruktion des Verratsdiskurses im linken Parteienspektrum der frühen Weimarer Republik. (= Sprache, Politik, Gesellschaft 15). Bremen: Hempen.

WINKLER, Heinrich August (1998): Weimar 1918–1933. Die Geschichte der ersten deutschen Demokratie. München: Beck.

B. BIBLIOGRAFISCHER TEIL

1. Wörterbücher, Lexika und Enzyklopädien

1. BAUER, Johann P. (2008): Wörterbuch der heutigen Rechts- und Politiksprache. Deutsch – Latein. Saarbrücken: Alma Mater.

2. BAUMGART, Winfried (2014): Wörterbuch historischer und politischer Begriffe des 19. und 20. Jahrhunderts. Deutsch – Englisch – Französisch. 2. verbesserte und ergänzte Auflage. Berlin/Boston: de Gruyter Oldenbourg.

3. BECK, Reinhart (1986): Sachwörterbuch der Politik. 2. erweiterte Auflage. (= Kröners Taschenausgabe 400). Stuttgart: Kröner.

4. BENZ, Wolfgang/GRAML, Hermann (Hrsg.) (1988): Biographisches Lexikon zur Weimarer Republik. München: Beck.

5. BERGER, Manfred (Hrsg.) (1978): Kulturpolitisches Wörterbuch. 2. Auflage. Berlin: Dietz.

6. BESCH, Werner (Hrsg.) (1998–2004): Sprachgeschichte. Ein Handbuch zur Geschichte der deutschen Sprache und ihrer Erforschung. 4 Bände. 2. vollständig neu bearbeitete und erweiterte Auflage. (= Handbücher zur Sprach- und Kommunikationswissenschaft 2). Berlin/New York: de Gruyter.

7. BIBLIOGRAPHISCHES INSTITUT (1924–1930/35): Meyers Lexikon. 7. Auflage. Leipzig: Bibliographisches Institut.

8. BOEHM, Max Hildebert (Hrsg.) (1919): Kleines politisches Wörterbuch. Leipzig: Koehler.

9. BRAHN, Max (1918): Politisches A-B-C. Leipzig: Der Neue Geist.

10. BRUNNER, Otto/CONZE, Werner/KOSELLECK, Reinhart (Hrsg.) (1992–1997): Geschichtliche Grundbegriffe. Historisches Lexikon zur politisch-sozialen Sprache in Deutschland. 8 Bände. 4. Auflage. Stuttgart: Klett.

11. DEUTSCHER BAUERNBUND (Hrsg.) (1920): Politisches ABC. Taschenbuch für Bauernbündler. Berlin: o.V.

12. DEUTSCHER BAUERNBUND (Hrsg.) (1924): Politisches ABC. Taschenbuch für Bauernbündler. Nachtrag. Berlin: o.V.

13. EITZ, Thorsten/STÖTZEL, Georg (2007–2009): Wörterbuch der „Vergangenheitsbewältigung". Die NS-Vergangenheit im öffentlichen Sprachgebrauch. 2 Bände. Hildesheim: Olms.

14. ELSÄSSER, Hans-Hermann/MUTLAK, Ingelore (1988): Wortschatz der Politik. Deutsch – Arabisch, Arabisch – Deutsch. Leipzig: Enzyklopädie.

15. EYNERN, Gert von (Hrsg.) (1973): Wörterbuch zur politischen Ökonomie. (= Studienbücher zur Sozialwissenschaft 11). Opladen: Westdeutscher Verlag.

16. FUCHS, Dieter/ROLLER, Edeltraud (Hrsg.) (2010): Lexikon Politik. Hundert Grundbegriffe. (= Universalbibliothek 18714). Stuttgart: Reclam.

17. GESELLSCHAFT FÜR DEUTSCHE SPRACHE (Hrsg.) (2001): Wörter, die Geschichte machten. Schlüsselbegriffe des 20. Jahrhunderts. Gütersloh: Bertelsmann Lexikon.

18. HARRAS, Gisela/HASS, Ulrike/STRAUSS, Gerhard (Nachdruck 2010): Brisante Wörter von Agitation bis Zeitgeist. Ein Lexikon zum öffentlichen Sprachgebrauch. Nachdruck der 1. Auflage 1989. (= Schriften des Instituts für Deutsche Sprache 2). Berlin/New York: de Gruyter.

19. HERRE, Paul (Hrsg.) (1923): Politisches Handwörterbuch. 2 Bände. Leipzig: Koehler.

20. HOLTMANN, Everhard (Hrsg.) (2000): Politik-Lexikon. 3. völlig überarbeitete und erweiterte Auflage. München/Wien: Oldenbourg.

21. ISSBERNER, Reinhold (1920) Demokratisches ABC-Buch. Berlin: Demokratischer Verlag.

22. JARREN, Otfried (Hrsg.) (Nachdruck 2002): Politische Kommunikation in der demokratischen Gesellschaft. Ein Handbuch mit Lexikonteil. Nachdruck der 1. Auflage 1998. Wiesbaden: VS Verlag für Sozialwissenschaften.

23. MOSER, Hugo (1972): Annalen der deutschen Sprache. Von den Anfängen bis zur Gegenwart. 4. Auflage. (= Sammlung Metzler 5). Stuttgart: Metzler.

24. MÜHLENBERG, Ernst (1932): Neues Volks-Wörterbuch für Wirtschaft, Recht und Politik. Bad Dürrenberg: o.V.

25. NOHLEN, Dieter (Hrsg.) (2003): Lexikon der Politik. Begriffe, Theorien, Methoden, Fakten. Berlin: Directmedia Publikationen.

26. NOHLEN, Dieter/GROTZ, Florian (Hrsg.) (2015): Kleines Lexikon der Politik. 6. überarbeitete und erweiterte Auflage. Bonn: Bundeszentrale für politische Bildung.

27. PÄTZOLD, Kurt/WEISSBECKER, Manfred (Hrsg.) (2002): Schlagwörter und Schlachtrufe. Aus zwei Jahrhunderten deutscher Geschichte. 2 Bände. Leipzig: Militzke.

28. POLENZ, Peter von (1999): Deutsche Sprachgeschichte vom Spätmittelalter bis zur Gegenwart. Band 3: 19. und 20. Jahrhundert. Berlin/New York: de Gruyter.

29. POLENZ, Peter von (2009): Geschichte der deutschen Sprache. 10. völlig neu bearbeitete Auflage. Berlin/New York: de Gruyter.

30. RITTERSHOFER, Christian (2007): Lexikon Politik, Staat, Gesellschaft. 3600 Begriffe von Abberufung bis Zwölfmeilenzone. (= dtv 50894). München: DTV.

31. RITTER, Joachim (Hrsg.) (1971–2007): Historisches Wörterbuch der Philosophie. Darmstadt: WBG.

32. SCHMIDT, Manfred G. (2010): Wörterbuch zur Politik. 3. überarbeitete und aktualisierte Auflage. Stuttgart: Kröner.

33. SCHMITZ-BERNING, Cornelia (2007): Vokabular des Nationalsozialismus. 2. überarbeitete Auflage. Berlin/New York: de Gruyter.

34. SCHUBERT, Klaus/KLEIN, Martina (2016): Das Politiklexikon. Begriffe, Fakten, Zusammenhänge. 6. aktualisierte und erweiterte Auflage. Bonn: Dietz.

35. SOLDAN, George (1931–32): Zeitgeschichte in Wort und Bild. 2. Bände. München: National-Archiv.

36. STAMPFER, Friedrich (1954): Grundbegriffe der Politik. 3. Auflage. Hannover: Dietz.

37. STÖTZEL, Georg/EITZ, Thorsten (Hrsg.) (2003): Zeitgeschichtliches Wörterbuch der deutschen Gegenwartssprache. Schlüsselwörter und Orientierungsvokabeln. 2. aktualisierte und erweiterte Auflage. Hildesheim: Olms.

38. UEDING, Gert (Hrsg.) (2009): Historisches Wörterbuch der Rhetorik. Band 9: St–Z. Berlin/New York: de Gruyter.

39. WEBER-FAS, Rudolf (2008): Lexikon Politik und Recht. (= UTB Politik, Recht 2978). Paderborn: Fink.

40. WEISS, Max (Hrsg.) (1928): Politisches Handwörterbuch (Führer-ABC). Berlin: Deutschnationale Schriftenvertriebsstelle.

41. WOYKE, Wichard/VARWICK, Johannes (Hrsg.) (2015): Handwörterbuch internationale Politik. 13. vollständig überarbeitete und aktualisierte Auflage. Opladen/Toronto: Budrich.

42. ZIMMERMANN, Moshe (1997): Die deutschen Juden 1914–1945. (= Enzyklopädie deutscher Geschichte 43). München: Oldenbourg.

2.   Quellen und Quellensammlungen

43.   ARNOLD, Friedrich (1985): Anschläge. 220 politische Plakate als Dokumente der deutschen Geschichte 1900 – 1980. Ebenhausen: Langenwiesche-Brandt.

44.   ARNOLD, Karl (1974): Drunter, drüber, mittenmang. Karikaturen aus dem Simplicissimus. München: Hanser.

45.   BERENSMANN, Wilhelm/HOETZSCH, Otto/JAGOW, Kurt (1926): Deutsche Politik. Ein völkisches Handbuch. Bearbeitet von Angehörigen des Kyffhäuser-Verbandes der Vereine Deutscher Studenten. Frankfurt a. M.: Englert & Schlosser.

46.   BIBLIOGRAPHISCHES INSTITUT (1924–1930/35): Meyers Lexikon. 7. Auflage. Leipzig: Bibliographisches Institut.

47.   BOEHM, Max Hildebert (Hrsg.) (1919): Kleines politisches Wörterbuch. Leipzig: Koehler.

48.   BRAHN, Max (1918): Politisches A-B-C. Leipzig: Der Neue Geist.

49.   BRIEGLEB, Otto (1932): Wider die Entartung der Sprache. Durch Erstarrung, Falsche Zusammensetzung, Wortverstümmelung. Leipzig: Brandstetter.

50.   BUCHARIN, Nikolai/PREOBRASCHENSKY, Evgenij (1921): Das ABC des Kommunismus: Populäre Erläuterungen des Programms der Kommunistischen Partei Russlands Bolschewiki. Hamburg: Verlag der Kommunistischen Internationale.

51.   BUREAU DES REICHSTAGS (Hrsg.) (1920): Reichstags-Handbuch I: Wahlperiode 1920. Berlin: Verlag der Reichsdruckerei.

52.   BUREAU DES REICHSTAGS (Hrsg.) (1924): Reichstags-Handbuch II: Wahlperiode 1940. Berlin: Verlag der Reichsdruckerei.

53.   BUREAU DES REICHSTAGS (Hrsg.) (1925): Reichstags-Handbuch III: Wahlperiode 1924. Berlin: Verlag der Reichsdruckerei.

54.   DEUTSCHE VOLKSPARTEI (Hrsg.) (1928): Wahlhandbuch 1928. Berlin: o.V.

55.   DEUTSCHER BAUERNBUND (Hrsg.) (1920): Politisches ABC. Taschenbuch für Bauernbündler. Berlin: o.V.

56.   DOMBROWSKI, Erich (1919): Das alte und das neue System. Die politischen Köpfe Deutschlands. Berlin: Oesterheld.

57.   DORRMANN, Michael (Hrsg.) (2008): Theodor Heuss. Bürger der Weimarer Republik. Briefe 1918–1933. München: Saur.

58.   DOVIFAT, Emil (1928): Die Presse. In: Mueller, Hermann/Stresemann, Gustav (Hrsg.): Zehn Jahre Deutsche Geschichte 1918–1928. Berlin: Stollberg, S. 501–512.

59.   ELZ, Wolfgang (Hrsg.) (2007): Quellen zur Außenpolitik der Weimarer Republik 1918–1933. (= Ausgewählte Quellen zur deutschen Geschichte der Neuzeit 32). Darmstadt: WBG.

60.   FLEMMING, Jens (Hrsg.) (1984): Die Republik von Weimar. Band 1: Das politische System. 2. Auflage. (= Athenäum-Droste-Taschenbücher 7224). Königstein (Taunus): Athenäum.

61.   FRÖHLICH, Elke (Hrsg.) (2004): Joseph Goebbels. Die Tagebücher von Joseph Goebbels. Teil I: Aufzeichnungen 1923–1941. Band 1/1: Oktober 1923 – November 1925. München: Saur.

62.   HERRE, Paul (Hrsg.) (1923): Politisches Handwörterbuch. 2 Bände. Leipzig: Koehler.

63.   HERVÉ, Florence (1981): Frauenbewegung und revolutionäre Arbeiterbewegung. Texte zur Frauenemanzipation in Deutschland und in der BRD von 1848 bis 1980. Frankfurt a. M.: Marxistische Blätter.

64.   HEUSS, Theodor (1920): Die neue Demokratie. Berlin: o.V.

65.   HEUSS, Theodor (1927): Politik. Ein Nachschlagebuch für Theorie und Geschichte. Halbertsadt: o.V.

66.   HEUSS, Theodor (1922): Der demokratische Staat und die Volksgemeinschaft. Ein Vortrag. Berlin: o.V.

67.   HITLER, Adolf (1925): Mein Kampf. Band 1: Eine Abrechnung. München: Eher.

68.   HOCKERTS, Hans Günther (Bearb.) (1996): Weimarer Republik, Nationalsozialismus, Zweiter Weltkrieg (1919–1945). Band 1: Akten und Urkunden. (= Quellenkunde zur deutschen Geschichte der Neuzeit von 1500 bis zur Gegenwart 6,1). Darmstadt: WBG.

69.   HOCKERTS, Hans Günther/ELZ, Wolfgang (Bearb.) (2003): Weimarer Republik, Nationalsozialismus, Zweiter Weltkrieg (1919–1945). Band 2: Persönliche Quellen. (= Quellenkunde zur deutschen Geschichte der Neuzeit von 1500 bis zur Gegenwart 6,2) Darmstadt: WBG.

70.   HUBER, Ernst Rudolf (1992): Dokumente zur deutschen Verfassungsgeschichte. Band 4: Deutsche Verfassungsdokumente 1919–1933. 3. neubearbeitete Auflage. Stuttgart: Kohlhammer. HÜRTEN, Heinz (1995): Deutsche Geschichte in Quellen und Darstellung. Band 9: Weimarer Republik und Drittes Reich 1918–1945. (= Universal-Bibliothek 17009). Stuttgart: Reclam.

71.   HUBER, Ernst Rudolf/HUBER, Wolfgang (1988): Staat und Kirche im 19. und 20. Jahrhundert. Dokumente zur Geschichte des deutschen Staatskirchenrechts. Band IV: Staat und Kirche in der Zeit der Weimarer Republik. Berlin: Duncker und Humblot.

72.   INSTITUT FÜR MARXISMUS-LENINISMUS BEIM ZENTRALKOMITEE DER SOZIALISTISCHEN EINHEITSPARTEI DEUTSCHLAND (Hrsg.) (1957): Dokumente und Materialien zur Geschichte der Deutschen Arbeiterbewegung. Reihe II. 1914–1945. Band 2: November 1917 – Dezember 1918. Berlin: Dietz.

73. INSTITUT FÜR MARXISMUS-LENINISMUS BEIM ZENTRALKOMITEE DER SOZIALIS-TISCHEN EINHEITSPARTEI DEUTSCHLAND (Hrsg.) (1958): Dokumente und Materialien zur Geschichte der Deutschen Arbeiterbewegung. Reihe II. 1914–1945. Band 3: Januar 1919 – Mai 1919. Berlin: Dietz.

74. INSTITUT FÜR MARXISMUS-LENINISMUS BEIM ZENTRALKOMITEE DER SOZIALIS-TISCHEN EINHEITSPARTEI DEUTSCHLAND (Hrsg.) (1966): Dokumente und Materialien zur Geschichte der Deutschen Arbeiterbewegung. Reihe II. 1914–1945. Band 7, 1: Februar 1919 – Dezember 1921. Berlin: Dietz.

75. ISSBERNER, Reinhold (1920) Demokratisches ABC-Buch. Berlin: Demo-kratischer Verlag.

76. JÄCKEL, Eberhard/JUNKER, Detlef/KUHN, Axel (Hrsg.) (1971): Deutsche Parlamentsdebatten. Band 2: 1919–1933. Frankfurt a. M.: Fischer.

77. JÄCKEL, Eberhard (Hrsg.) (1980): Hitler. Sämtliche Aufzeichnungen 1905–1924. (= Quellen und Darstellungen zur Zeitgeschichte 21). Stuttgart: Deutsche Verlags-Anstalt.

78. KAMZELAK, Roland (Hrsg.) (1997): Harry Graf Kessler. Das Tagebuch: Band 7: 1919–1923. Stuttgart: Klett-Cotta.

79. KAMZELAK, Roland (Hrsg.) (2009): Harry Graf Kessler. Das Tagebuch: Band 8: 1923–1926. Stuttgart: Klett-Cotta.

80. KLEMPERER, Viktor (1996a): Ich will Zeugnis ablegen bis zum letzten. Tagebücher 1933–1945. 7. Auflage. Berlin: Aufbau.

81. KLEMPERER, Viktor (1996b): Curriculum vitae. Erinnerungen 1881–1918. Berlin: Aufbau.

82. KLEMPERER, Viktor (1996c): Leben sammeln, nicht fragen wozu und wa-rum: Tagebücher 1918–1932. Berlin: Aufbau.

83. KLEMPERER, Viktor (2010): LTI. Notizbuch eines Philologen. 24. völlig neu bearbeitete Auflage. Stuttgart: Reclam.

84. KNEISEL, F.G. (1940): Die Entwicklung des Wortschatzes nach dem Weltkrieg. In: Neophilologus 25, S. 24–34.

85. LEPPER, Herbert (Hrsg.) (1998): Volk, Kirche und Vaterland. Wahlauf-rufe, Aufrufe, Satzungen und Statuten des Zentrums 1870–1933. Eine Quellensammlung zur Geschichte insbesondere der Rheinischen und Westfälischen Zentrumspartei. (= Handbücher zur Geschichte des Par-lamentarismus und der politischen Parteien 9). Düsseldorf: Droste.

86. LÖNNE, Karl-Egon (Hrsg.) (2002): Quellen zum politischen Denken der Deutschen im 19. und 20. Jahrhundert. Band 8: Die Weimarer Republik 1918–1933. Darmstadt: WBG.

87. LONGERICH, Peter (1992): Die Erste Republik. Dokumente zur Geschich-te des Weimarer Staates. (= Serie Piper 1429). München: Piper.

88. LUDWIG, Emil (1991): Für die Weimarer Republik und Europa. Ausge-wählte Zeitungs- und Zeitschriftenartikel 1919–1932. (= Trouvaillen 11). Frankfurt a. M.: Lang.

89.   MATTHIAS, Erich/PIKART, Eberhard (Hrsg.) (1966): Die Reichstagsfraktion der deutschen Sozialdemokratie 1898 bis 1918. (= Quellen zur Geschichte des Parlamentarismus und der politischen Parteien 1). Düsseldorf: Droste.

90.   MAUTNER, Franz H. (1944): Nazi und Sozi. In: Modern Language Notes 59/2, S. 93–100.

91.   MICHAEL, Berthold/SCHEPP, Heinz-Hermann (1974): Politik und Schule von der Französischen Revolution bis zur Gegenwart. Eine Quellensammlung zum Verhältnis von Gesellschaft, Schule und Staat im 19. und 20. Jahrhundert. Band 2: Von der Weimarer Republik bis zur BRD/DDR. Frankfurt a. M.: Fischer Athenäum.

92.   MICHAELIS, Herbert/SCHRAEPLER, Ernst (Hrsg.) (1959): Ursachen und Folgen. Vom deutschen Zusammenbruch 1918 und 1945 bis zur staatlichen Neuordnung Deutschlands in der Gegenwart. Eine Urkunden- und Dokumentensammlung zur Zeitgeschichte. Band 3: Der Weg in die Weimarer Republik. Berlin: Wendler.

93.   MICHAELIS, Herbert/SCHRAEPLER, Ernst (Hrsg.) (1961): Ursachen und Folgen. Vom deutschen Zusammenbruch 1918 und 1945 bis zur staatlichen Neuordnung Deutschlands in der Gegenwart. Eine Urkunden- und Dokumentensammlung zur Zeitgeschichte. Band 5: Die Weimarer Republik. Das kritische Jahr 1923. Berlin: Wendler.

94.   MICHAELIS, Herbert/SCHRAEPLER, Ernst (1961) (Hrsg.): Ursachen und Folgen. Vom deutschen Zusammenbruch 1918 und 1945 bis zur staatlichen Neuordnung Deutschlands in der Gegenwart. Eine Urkunden- und Dokumentensammlung zur Zeitgeschichte. Band 6: Die Weimarer Republik. Die Wende der Nachkriegspolitik 1924–1928. Rapallo, Dawesplan, Genf. Berlin: Wendler.

95.   MICHALKA, Wolfgang/NIEDHARDT, Gottfried (Hrsg.) (1980): Die ungeliebte Republik. Dokumente zur Innen- und Außenpolitik Weimars 1918–1933. 4. Auflage. (= dtv-Dokumente 2918). München: DTV.

96.   MOMMSEN, Wilhelm (Hrsg.) (1964): Deutsche Parteiprogramme. 2. ergänzte Auflage. (= Deutsches Handbuch der Politik 1). München: Olzog.

97.   MOMMSEN, Wilhelm/FRANZ, Günther (Hrsg.) (1981): Die deutschen Parteiprogramme. 1918–1930. Leipzig/Berlin: Teubner.

98.   MORSEY, Rudolf/RUPPERT, Carsten (1981): Die Protokolle der Reichstagsfraktion der deutschen Zentrumspartei. 1920–1925. (= Veröffentlichungen der Kommission für Zeitgeschichte 33). Mainz: Grünewald.

99.   MÜHLENBERG, Ernst (1932): Neues Volks-Wörterbuch für Wirtschaft, Recht und Politik. Bad Dürrenberg: o.V.

100. PFEIFFER-BELLI, Wolfgang (Hrsg.) (1961): Harry Graf Kessler. Tagebücher 1918–1937. Frankfurt a. M.: Insel.

101. PREUSS, Hugo (1919): Denkschrift zum Verfassungsentwurf. In: Reichsamt des Innern (Hrsg.): Entwurf der künftigen Reichsverfassung. Allgemeiner Teil. Berlin: Hobbing, S. 3–32.

102. PREUSS, Hugo (1924): Volksgemeinschaft? In: Preuß, Hugo (Hrsg.): Um die Reichsverfassung von Weimar. Berlin: Mosse, S. 17–22.

103. PREUSS, Hugo (Nachdruck 1964): Staat, Recht und Freiheit. Aus 40 Jahren deutscher Politik und Geschichte. Nachdruck der 1. Auflage von 1926. Hildesheim: Olms.

104. RATHENAU, Walther (1926): Briefe. Neue Folge. Dresden: Reissner.

105. REICHSAMT DES INNERN (Hrsg.): Entwurf der künftigen Reichsverfassung. Allgemeiner Teil. Berlin: Hobbing.

106. RITTER, Gerhard A./MILLER, Susanne (Hrsg.) (1983): Die deutsche Revolution. 1918–1919. Dokumente. 2. überarbeitete und erweiterte Auflage. (= Fischer-Taschenbücher 4300). Frankfurt a. M.: Fischer.

107. SCHABER, Will/FABIAN, Walter (Hrsg.) (1964): Leitartikel bewegen die Welt. Stuttgart: Cotta.

108. SCHMITT, Carl (1928): Verfassungslehre. München/Leipzig: Duncker & Humblot.

109. SCHNEIDER, Carl (Bearb.) (1937): Handbuch der deutschen Tagespresse. 6. Auflage. Leipzig/Frankfurt a. M.: Armanen.

110. SOLDAN, George (1931–32): Zeitgeschichte in Wort und Bild. 2. Bände. München: National-Archiv.

111. TÖNNIES, Ferdinand (1926): Gemeinschaft und Gesellschaft. Grundbegriffe der reinen Soziologie. 6. und 7. Auflage. Berlin: Curtius.

112. TUCHOLSKY, Kurt (1989): Sprache ist eine Waffe. Sprachglossen. Reinbek: Rowohlt.

113. SALOMON, Felix (Hrsg.) (1919): Die neuen Parteiprogramme mit den letzten der alten Parteien zusammengestellt. Leipzig: Teubner.

114. SCHWABE, Klaus (Hrsg.) (1997): Quellen zum Friedensschluss von Versailles. (= Ausgewählte Quellen zur deutschen Geschichte der Neuzeit 30). Darmstadt: WBG.

115. STEITZ, Walter (Hrsg.) (1993): Quellen zur deutschen Wirtschafts- und Sozialgeschichte vom Ersten Weltkrieg bis zum Ende der Weimarer Republik. (= Ausgewählte Quellen zur deutschen Geschichte der Neuzeit 38). Darmstadt: WBG.

116. TREUE, Wolfgang (Hrsg.) (1968): Deutsche Parteiprogramme seit 1861. 4. erweiterte Auflage. Göttingen: Musterschmidt.

117. WEISS, Max (Hrsg.) (1928): Politisches Handwörterbuch (Führer-ABC). Berlin: Deutschnationale Schriftenvertriebsstelle.

118. WENISCH, Siegfried (Hrsg.) (1996): Plakate als Spiegel der politischen Parteien der Weimarer Republik. Eine Ausstellung des Bayerischen Hauptstaatsarchivs. (= Ausstellungskataloge der Staatlichen Archive

Bayerns 36). München: Generaldirektion der Staatlichen Archive Bayerns.

119. VAN DER WILL, Wilfried (Hrsg.) (1982): Arbeiterkulturbewegung in der Weimarer Republik. Band 2: Texte, Dokumente, Bilder. (= Ullstein-Materialien 35142). Frankfurt a. M.: Ullstein.

120. WILPERT, Gabriele (1978): Wahlflugblätter aus der Weimarer Zeit. Untersuchungen zur historischen Ausprägung eines Texttyps. (= Göppinger Arbeiten zur Germanistik 229). Göppingen: Kümmerle.

121. WOHLFEIL, Rainer/DOLLINGER, Hans (1977): Die deutsche Reichswehr. Bilder, Dokumente, Texte. Zur Geschichte des Hunderttausend-Mann-Heeres 1919–1933. Wiesbaden: Englisch Verlag.

3. Methodische Zugänge und theoretische Perspektiven

3.1 Linguistischer Zugriff

122. BIERE, Bernd Ulrich (2007): Linguistische Hermeneutik und hermeneutische Linguistik. In: Hermanns, Fritz/Holly, Werner (Hrsg.): Linguistische Hermeneutik. Theorie und Praxis des Verstehens und Interpretierens. (= Germanistische Linguistik 272). Tübingen: Niemeyer.

123. HENNE, Helmut (Nachdruck 2011): Semantik und Lexikographie. Untersuchungen zur lexikalischen Kodifikation der deutschen Sprache. Nachdruck der 1. Auflage 1972. (= Studia linguistica Germanica 7). Berlin/New York: de Gruyter.

124. FUCHS, Albert (1988): Sprache als psychologische Waffe. Über Strategien der Feindbildpropagierung. In: Der Deutschunterricht 5, S. 25–41.

125. GROSSE, Siegfried (2002): Zur deutschen Sprache zwischen 1918 und 1933. In: Cherubim, Dieter/Jacob, Karlheinz/Linke, Angelika (Hrsg.): Neue deutsche Sprachgeschichte. Mentalitäts- kultur- und sozialgeschichtliche Zusammenhänge. (= Studia linguistica Germanica 64). Berlin/New York: de Gruyter, S. 253–268.

126. FELDER, Ekkehard (2006): Semantische Kämpfe in Wissensdomänen. Eine Einführung in Benennungs-, Bedeutungs- und Sachverhaltsfixierungs-Konkurrenzen. In: Felder, Ekkehard (Hrsg.): Semantische Kämpfe. Macht und Sprache in den Wissenschaften. (= Linguistik – Impulse & Tendenzen 19). Berlin/New York: de Gruyter, S. 1–11.

127. HERMANNS, Fritz (1982): Brisante Wörter. Zur lexikographischen Behandlung parteisprachlicher Wörter und Wendungen in Wörterbüchern der deutschen Gegenwartssprache. In: Wiegand, Herbert Ernst (Hrsg.): Studien zur neuhochdeutschen Lexikographie. Band 2. Hildesheim/New York: Olms, S. 87–108.

128. KELLER, Rudi (1986): Die deutsche Sprache und ihre historische Entwicklung. Hamburg: Buske.

129. STÖTZEL, Georg (1995): Einleitung. In: Stötzel, Georg/Wengeler, Martin (Hrsg.): Kontroverse Begriffe. Geschichte des öffentlichen Sprachgebrauchs in der Bundesrepublik Deutschland. (= Sprache, Politik, Öffentlichkeit 4). Berlin/New York: de Gruyter, S. 1–17.

3.2 Verfahren der Politolinguistik

130. BACHEM, Rolf (1979): Einführung in die Analyse politischer Texte. München: Oldenbourg.

131. BERGSDORF, Wolfgang (1991): Zur Entwicklung der Sprache in der amtlichen Politik. In: Liedtke, Frank/Wengeler, Martin/Böke, Karin (Hrsg.): Begriffe besetzen. Strategien des Sprachgebrauchs in der Politik. Opladen: Westdeutscher Verlag, S. 19–33.

132. BERGSDORF, Wolfgang (1994): Politischer Sprachgebrauch und totalitäre Herrschaft. In: German Studies Review 17, S. 23–36.

133. BUSSE, Dietrich (2001): Öffentliche Sprache und politischer Diskurs. Anmerkungen zu einem prekären Gegenstand linguistischer Analyse. In: Diekmannshenke, Hajo/Meißner, Iris (Hrsg.): Politische Kommunikation im historischen Wandel. (= Stauffenburg-Linguistik 19). Tübingen: Stauffenburg, S. 31–55.

134. DIECKMANN, Walther (1975): Sprache in der Politik. Einführung in die Pragmatik und Semantik der politischen Sprache. 2. Auflage. Heidelberg: Winter.

135. DIECKMANN, Walther (1980): Sprache in der Politik. In: Greiffenhagen, Martin (Hrsg.): Kampf um Wörter? Politische Begriffe im Meinungsstreit. München/Wien: Hanser, S. 47–64.

136. DÖRNER, Andreas/VOGT, Ludger (1995): Sprache des Parlaments und Semiotik der Demokratie. Studien zur politischen Kommunikation in der Moderne. (= Sprache, Politik, Öffentlichkeit 6). Berlin/New York: de Gruyter.

137. DÖRNER, Andreas/VOGT, Ludger (Hrsg.) (Nachdruck 2011): Sprache des Parlaments und Semiotik der Demokratie. Studien zur politischen Kommunikation in der Moderne. Nachdruck der 1. Auflage 1995. (= Sprache, Politik, Öffentlichkeit 6). Berlin/New York: de Gruyter.

138. EGGELING, Willi J. (1974): Das Fremdwort in der Sprache der Politik. In: Muttersprache 84/3, S. 177–212.

139. GIRNTH, Heiko (2015): Sprache und Sprachverwendung in der Politik. Eine Einführung in die linguistische Analyse öffentlich-politischer Kommunikation. 2. überarbeitete und erweiterte Auflage. (= Germanistische Arbeitshefte 39). Berlin/Boston: de Gruyter.

140. HERMANNS, Fritz (1994): Schlüssel-, Schlag- und Fahnenwörter. Zu Begrifflichkeit und Theorie der lexikalischen „politischen Semantik". Erste Fassung eines Überblicksartikels zum Forschungsstand in Sachen Schlüsselwort- und Schlagworttheorie für den Ergebnisband des Teilprojekts C5 „Bedeutungskonstitution im Dialog" des SFB „Sprache und Situation". (= Arbeiten aus dem SFB 245 „Sprache und Situation" Heidelberg/Mannheim 81). Heidelberg: Universitätsverlag Heidelberg.

141. HERMANNS, Fritz (1989): Deontische Tautologien. Ein linguistischer Beitrag zur Interpretation des Godesberger Programms (1959) der Sozialdemokratischen Partei Deutschlands. In: Klein, Josef (Hrsg.): Politische Semantik. Beiträge zur politischen Sprachverwendung. Opladen: Westdeutscher, S. 69–149.

142. JANUSCHEK, Franz (Hrsg.) (1985): Politische Sprachwissenschaft. Zur Analyse von Sprache als kultureller Praxis. Opladen: Westdeutscher Verlag.

143. KILIAN, Jörg (Hrsg.) (2009): Sprache und Politik. Deutsch im demokratischen Staat. (= Thema Deutsch 6). Mannheim: Dudenverlag.

144.   KLEIN, Josef (1989): Wortschatz, Wortkampf, Wortfelder in der Politik. In: Klein, Josef (Hrsg.): Politische Semantik. Bedeutungsanalytische und sprachkritische Beiträge zur politischen Sprachverwendung. Opladen: Westdeutscher, S. 3–50.

145.   KLEIN, Josef (2000): Textsorten im Bereich politischer Institutionen. In: Brinker, Klaus (Hrsg.): Text- und Gesprächslinguistik. Ein internationales Handbuch zeitgenössischer Forschung. Band 1. (= Handbücher zur Sprach- und Kommunikationswissenschaft 16). Berlin/New York: de Gruyter, S. 732–755.

146.   KLEIN, Josef (2007): Linguistische Hermeneutik politischer Rede. Eine Modellanalyse am Beispiel von Kanzler Schröders Verkündung der Agenda 2010. In: Hermanns, Fritz/Holly, Werner (Hrsg.): Linguistische Hermeneutik. Theorie und Praxis des Verstehens und Interpretierens. (= Germanistische Linguistik 272). Tübingen: Niemeyer.

147.   KLEIN, Josef (2009): Rhetorisch-stilistische Eigenschaften der Sprache der Politik. In: Fix, Ulla/Gardt, Andreas/Knape, Joachim (Hrsg.): Rhetorik und Stilistik. Ein internationales Handbuch historischer und systematischer Forschung. Band 2. (= Handbücher zur Sprach- und Kommunikationswissenschaft 31,2). Berlin/New York: de Gruyter, S. 2112–2130.

148.   KLEIN, Josef (2010): Politische Sprachstrategien. Dargestellt an schweizerischen, deutschen und US-amerikanischen Beispielen. In: Roth, Kersten Sven/Dürscheid, Christa (Hrsg.): Wahl der Wörter – Wahl der Waffen? Sprache und Politik in der Schweiz. (= Sprache – Politik – Gesellschaft 4). Bremen: Hempen, S. 19–35.

149.   KLEIN, Josef (2011a): Die Pragmatik des salienten Satzes. In politischen und historischen Diskursen zentral, in der Linguistik vernachlässigt. In: Kotin, Michael/Kotorova, Elizabeth (Hrsg.): Sprache in Aktion. Pragmatik, Sprechakte, Diskurs. (= Germanistische Bibliothek 41). Heidelberg: Winter, S. 115–130.

150.   KLEIN, Josef (2011b): Diskurse, Kampagnen, Verfahren. Politische Texte und Textsorten in Funktion. In: Domke, Christine/Kilian, Jörg (Hrsg.): Sprache in der Politik. Aktuelle Ansätze und Entwicklungen der politolinguistischen Forschung. (= Mitteilungen des Deutschen Germanistenverbandes 58/3). Göttingen: Vandenhoeck & Ruprecht, S. 289–298.

151.   KLEIN, Josef (2011c): Sprache, Macht und politischer Wettbewerb. In: Sprachreport 4/2011, S. 2–9.

152.   KLEIN, Josef/DIEKMANNSHENKE, Hajo (Hrsg.) (Nachdruck 2012): Sprachstrategien und Dialogblockaden. Linguistische und politikwissenschaftliche Studien zur politischen Kommunikation. Nachdruck der 1. Auflage 1996. (= Sprache, Politik, Öffentlichkeit 7). Berlin/New York: de Gruyter.

153.   KRUMEICH, Gerd (1989): Einkreisung. Zur Entstehung und Bedeutung eines politischen Schlagworts. In: Sprache und Literatur in Wissenschaft und Unterricht 20, S. 99–104.

154.   LIEDTKE, Frank/WENGELER, Martin/BÖKE, Karin (Hrsg.) (1991): Begriffe besetzen. Strategien des Sprachgebrauchs in der Politik. Opladen: Westdeutscher Verlag.

155.   NIEHR, Thomas (2002): Kampf um Wörter? Sprachthematisierungen als strategische Argumente im politischen Meinungsstreit. In: Panagl, Oskar/Stürmer, Horst (Hrsg.): Politische Konzepte und verbale Strategien. Brisante Wörter, Begriffsfelder, Sprachbilder. Frankfurt a.M.: Lang, S. 85–104.

156.   REIHER, Ruth (Hrsg.) (Nachdruck 2011): Sprache im Konflikt. Zur Rolle der Sprache in sozialen, politischen und militärischen Auseinandersetzungen. Nachdruck der 1. Auflage 1995. (= Sprache, Politik, Öffentlichkeit 5). Berlin/New York: de Gruyter.

157.   STRASSNER, Erich (1987): Ideologie, Sprache, Politik. Grundfragen ihres Zusammenhangs. (= Konzepte der Sprach- und Literaturwissenschaft 37). Tübingen: Niemeyer.

3.3 Historische Semantik, Begriffsgeschichte und Sprachgeschichte

158.   BACKES, Uwe (2006): Politische Extreme. Eine Wort- und Begriffsgeschichte von der Antike bis in die Gegenwart. (= Schriften des Hannah-Arendt-Instituts für Totalitarismusforschung 31). Göttingen: Vandenhoeck & Ruprecht.

159.   BÄR, Jochen A./MÜLLER, Marcus (Hrsg.) (2012): Geschichte der Sprache, Sprache der Geschichte. Probleme und Perspektiven der historischen Sprachwissenschaft des Deutschen. (= Lingua historia germanica 3). Berlin: Akademie.

160.   BÄRENBRINKER, Frank/JAKUBOWSKI, Christoph (1995): „Nation" und „Nationalismus" seit dem Deutschen Kaiserreich. Eine begriffsgeschichtliche Untersuchung anhand von Handbüchern. In: Akademie der Wissenschaften und der Literatur Mainz (Hrsg.): Archiv für Begriffsgeschichte. Band 38. Hamburg: Meiner, S. 201–222.

161.   BÖDEKER, Hans Erich (2002): Reflexionen über Begriffsgeschichte als Methode. In: Bödeker, Hans Erich (Hrsg.): Begriffsgeschichte, Dikursgeschichte, Methapherngeschichte. (= Göttinger Gespräche zur Geschichtswissenschaft 14). Göttingen: Wallstein, S. 73–121.

162.   BRACHER, Karl Dietrich (1978): Schlüsselwörter in der Geschichte. Düsseldorf: Droste.

163.   BURKE, Peter (1989): Stärken und Schwächen der Mentalitätsgeschichte. In: Raulff, Ulrich (Hrsg.): Mentalitäten-Geschichte. Zur historischen Rekonstruktion geistiger Prozesse. (= Wagenbachs Taschenbücherei 152). Berlin: Wagenbach, S. 127–145.

164.   BUSSE, Dietrich (1987): Historische Semantik. Analyse eines Programms. (= Sprache und Geschichte 13). Stuttgart: Klett-Cotta.

165.   FALKENBERG, Gabriel (1989): Zur Begriffsgeschichte der deutschen Spaltung zwischen Deutschem Reich und zwei Deutschen Republi-

ken. In: Sprache und Literatur in Wissenschaft und Unterricht 20/64, S. 3–22.

166.   GROSSE, Siegfried (2002): Zur deutschen Sprache zwischen 1918 und 1933. In: Cherubim, Dieter/Jakob, Karlheinz/Linke, Angelika (Hrsg.): Neue deutsche Sprachgeschichte. Mentalitäts-, kultur- und sozialge-schichtliche Zusammenhänge. (= Studia linguistica Germanica 64). Berlin/New York: de Gruyter, S. 253–268.

167.   HERMANNS, Fritz (1995): Sprachgeschichte als Mentalitätsgeschichte. Überlegungen zu Sinn und Form und Gegenstand historischer Seman-tik. In: Gardt, Andreas/Mattheier, Klaus J./Reichmann, Oskar (Hrsg.): Sprachgeschichte des Neuhochdeutschen. Gegenstände, Methoden, Theorien. (= Germanistische Linguistik 156). Tübingen: Niemeyer, S. 69–101.

168.   HERMANNS, Peter (2006): Sprache, Kultur und Identität. Reflexionen über drei Totalitätsbegriffe. In: Gardt, Andreas/Haß, Ulrike/Roelcke, Thorsten (Hrsg.): Sprachgeschichte als Kulturgeschichte (= Studia lin-guistica Germanica 54). Berlin/New York: de Gruyter, S. 351–391.

169.   HUBER, Simon (2014): Orientierungsverfahren. Sowjetunion- und USA-Berichte der Weimarer Republik als Reflexionsmedium im Mo-dernediskurs. (= Moderne-Studien 17). Bielefeld: Aisthesis.

170.   JÄGER, Wolfgang (1984): Historische Forschung und politische Kultur in Deutschland. Die Debatte 1914–1980 über den Ausbruch des 1. Welt-krieges. (= Kritische Studien zur Geschichtswissenschaft 61). Göttin-gen: Vandenhoeck & Ruprecht.

171.   KOSELLECK, Reinhart (1979): Begriffsgeschichte und Sozialgeschichte. In: Koselleck, Reinhart (Hrsg.): Historische Semantik und Begriffsge-schichte. (= Sprache und Geschichte 1). Stuttgart: Klett-Cotta, S. 19–36.

172.   KOSELLECK, Reinhart (1983): Begriffsgeschichtliche Probleme der Verfassungsgeschichtsschreibung. In: Böckenförde, Ernst-Wolfgang (Hrsg.): Gegenstand und Begriffe der Verfassungsgeschichtsschrei-bung. (= Beihefte zu „Der Staat" 6). Berlin: Duncker & Humblot, S. 7–49.

173.   KOSELLECK, Reinhart (1995): Begriffsgeschichte und Sozialgeschich-te. In: Koselleck, Reinhart (Hrsg.): Vergangene Zukunft. Zur Semantik geschichtlicher Zeiten. (= Suhrkamp Taschenbuch Wissenschaft 757). Frankfurt a. M.: Suhrkamp, S. 107–129.

174.   KOSELLECK, Reinhart (2002): Hinweise auf die temporalen Strukturen begriffsgeschichtlichen Wandels. In: Bödeker, Hans-Erich (Hrsg.): Begriffsgeschichte, Diskursgeschichte, Metapherngeschichte. (= Göt-tinger Beiträge zur Geschichtswissenschaft 14). Göttingen: Wallstein, S. 29–47.

175.   KOSELLECK, Reinhart (2003): Die Geschichte der Begriffe und Begriffe der Geschichte. In: Dutt, Carsten (Hrsg.): Herausforderungen der Be-griffsgeschichte. Heidelberg: Winter, S. 3–16.

176. KOSELLECK, Reinhart (2010): Begriffsgeschichten. Studien zur Semantik und Pragmatik der politischen und sozialen Sprache. (= Suhrkamp-Taschenbuch Wissenschaft 1926). Frankfurt a. M.: Suhrkamp.

177. LANDWEHR, Achim (2009): Historische Diskursanalyse. 2. Auflage. (= Historische Einführungen 4). Frankfurt a. M./New York: Campus.

178. LOBENSTEIN-REICHMANN, Anja (2011): Historische Semantik und Geschichtswissenschaft – eine verpasste Chance? In: Riecke, Jörg (Hrsg.): Historische Semantik. (= Jahrbuch für Germanistische Sprachgeschichte 2). Berlin/New York: de Gruyter, S. 62–79.

179. MÜLLER, Ernst/SCHMIEDER, Falko (2016): Begriffsgeschichte und historische Semantik. Ein kritisches Kompendium. (= Suhrkamp-Taschenbuch Wissenschaft 2117). Berlin: Suhrkamp.

180. REICHMANN, Oskar (1998): Sprachgeschichte. Idee und Verwirklichung. In: Besch, Werner/Steger, Hugo (Hrsg.): Sprachgeschichte. Ein Handbuch zur Geschichte der deutschen Sprache und ihrer Erforschung. Band 1. 2. vollständig neu bearbeitete und erweiterte Auflage. (= Handbücher zur Sprach- und Kommunikationswissenschaft 2,1). Berlin/New York: de Gruyter, S. 1–41.

181. REICHMANN, Oskar (2011): Historische Semantik. Ideen, Realisierung, Perspektiven. In: Riecke, Jörg (Hrsg.): Historische Semantik. (= Jahrbuch für Germanistische Sprachgeschichte 2). Berlin/New York: de Gruyter, S. 20–36.

182. REICHARDT, Rolf (1998): Historische Semantik zwischen lexicométrie und New Culture History. In: Reichardt, Rolf (Hrsg.): Aufklärung und historische Semantik. Interdisziplinäre Beiträge zur westeuropäischen Kulturgeschichte. (= Zeitschrift für historische Forschung Beiheft 21). Berlin: Duncker & Humblot, S. 7–28.

183. RÜSEN, Jörn (2004): Typen des Zeitbewusstseins. Sinnkonzepte des geschichtlichen Wandels. In: Jaeger, Friedrich/Liebsch, Burkhard/Rüsen, Jörn/Straub, Jürgen (Hrsg.): Handbuch der Kulturwissenschaften. Band 1: Grundlagen und Schlüsselbegriffe. Stuttgart/Weimar: Metzler, S. 365–384.

184. STEDJE, Astrid (2007): Deutsche Sprache gestern und heute. Einführung in Sprachgeschichte und Sprachkunde. 6. Auflage. (= UTB Sprachwissenschaft 1499). Paderborn: Fink.

185. STEINMETZ, Willibald (2008): Vierzig Jahre Begriffsgeschichte. The State of the Art. In: Kämper, Heidrun/Eichinger, Ludwig M. (Hrsg.): Sprache, Kognition, Kultur. (= Jahrbuch Institut für deutsche Sprache 2007). Berlin/New York: de Gruyter, S. 174–197.

186. STRAUB, Jürgen (Hrsg.) (1998): Erzählung, Identität und historisches Bewußtsein. Die psychologische Konstruktion von Zeit und Geschichte. (= Erinnerung, Geschichte, Identität 1). Frankfurt a. M.: Suhrkamp.

187. WENGELER, Martin (Hrsg.) (2005): Sprachgeschichte als Zeitgeschichte. (= Germanistische Linguistik 180/181). Hildesheim/New York: Olms.

188.   WOLFF, Gerhart (2009): Deutsche Sprachgeschichte. Ein Studienbuch. 6. überarbeitete und erweiterte Auflage. (= UTB Sprachwissenschaft 1581). Tübingen/Basel: Francke.

3.4 Diskurslexikographie und Umbruchgeschichte

189.   BIALAS, Wolfgang (1996): Intellektuellengeschichtliche Facetten der Weimarer Republik. In: Bialas, Wolfgang/Iggers, Georg G. (Hrsg.): Intellektuelle in der Weimarer Republik. (= Schriften zur politischen Kultur der Weimarer Republik 1). Frankfurt a. M.: Lang, S. 13–30.

190.   BOLLMEYER, Heiko (2010): Das „Volk" in den Verfassungsberatungen der Weimarer Nationalversammlung 1919. Ein demokratietheoretischer Schlüsselbegriff zwischen Kaiserreich und Republik. In: Gallus, Alexander (Hrsg.): Die vergessene Revolution von 1918/19. Göttingen: Vandenhoeck & Ruprecht, S. 57–83.

191.   BUBLITZ, Hannelore (1999): Diskursanalyse als Gesellschafts-„Theorie". „Diagnostik" historischer Praktiken am Beispiel der „Kulturkrisen"-Semantik und der Geschlechterordnung um die Jahrhundertwende. In: Bublitz, Hannelore/Bührmann, Andrea D./Hanke, Christine/Seier, Andrea (Hrsg.): Das Wuchern der Diskurse. Perspektiven der Diskursanalyse Foucaults. Frankfurt a. M./New York: Campus, S. 22–48.

192.   BUSSE, Dietrich (Hrsg.) (1994): Begriffsgeschichte und Diskursgeschichte. Methodenfragen und Forschungsergebnisse der historischen Semantik. Opladen: Westdeutscher Verlag.

193.   CHERUBIM, Dieter (1998): Kontinuität oder Diskontinuität in der deutschen Sprache des 20. Jahrhunderts. In: Kämper, Heidrun/Schmidt, Hartmut (Hrsg.): Das 20. Jahrhundert. Sprachgeschichte, Zeitgeschichte. (= Jahrbuch Institut für deutsche Sprache 1997). Berlin/New York: de Gruyter, S. 59–85.

194.   DEMANDT: Alexander (2003): Was ist ein historisches Ereignis? In: Müller-Schöll, Nikolaus (Hrsg.): Ereignis. Eine fundamentale Kategorie der Zeiterfahrung. Anspruch und Aporien. Bielefeld: Transcript, S. 36–76.

195.   EDER, Franz X. (2006): Historische Diskurse und ihre Analyse. Eine Einleitung. In: Eder, Franz X./Sieder, Reinhard (Hrsg.): Historische Diskursanalysen. Genealogie, Theorie, Anwendungen. Wiesbaden: VS Verlag für Sozialwissenschaften, S. 9–23.

196.   EDER, Franz X./SIEDER, Reinhard (Hrsg.) (2006): Historische Diskursanalysen. Genealogie, Theorie, Anwendungen. Wiesbaden: VS Verlag für Sozialwissenschaften.

197.   EITZ, Thorsten (2009): Zum Konzept einer Sprachgeschichte der Weimarer Republik. In: Aptum 5/1, S. 1–17.

198.   EITZ, Thorsten/WENGELER, Martin (2013): Vergessene Diskurse? Zur Diskursgeschichte der Weimarer Republik am Beispiel des Themas Wirtschaft. In: Felder, Ekkehard (Hrsg.): Faktizitätsherstellung in Dis-

kursen. Die Macht des Deklarativen. (= Sprache und Wissen 13). Berlin/Boston: de Gruyter, S. 309–329.

199. EITZ, Thorsten/WENGELER, Martin (2013a): Semantische Kämpfe in der Weimarer Republik. Zur vergessenen Geschichte politischer Sprache in Deutschland. In: Kilian, Jörg/Niehr, Thomas (Hrsg.): Politik als sprachlich gebundenes Wissen. Politische Sprache im lebenslangen Lernen und politischen Handeln. (= Sprache, Politik, Gesellschaft 8). Bremen: Hempen, S. 33–44.

200. EITZ, Thorsten/WENGELER, Martin (2014): Semantische Kämpfe in Wirtschaftsdiskussionen der Weimarer Republik. Eine Diskursanalyse des öffentlichen Sprachgebrauchs. In: Kämper, Heidrun/Haslinger, Peter/Raithel, Thomas (Hrsg.): Demokratiegeschichte als Zäsurgeschichte. Diskurse der frühen Weimarer Republik. (= Diskursmuster 5). Berlin/Boston: de Gruyter, S. 359–373.

201. EITZ, Thorsten/ENGELHARDT, Isabelle (2015): Diskursgeschichte der Weimarer Republik. 2 Bände. Hildesheim: Olms.

202. EL-TAYEB, Fatima (2001): Schwarze Deutsche. Der Diskurs um „Rasse" und nationale Identität 1890–1933. Frankfurt a. M./New York: Campus.

203. FAIRCLOUGH, Norman (2003): Analysing Discourse. Textual Analysis for Social Research. London: Routledge.

204. FELDER, Ekkehard (2013): Faktizitätsherstellung in Diskursen. Die Macht des Deklarativen. (= Sprache und Wissen 13). Berlin/Boston: de Gruyter.

205. FÖLLMER, Moritz (2001): Der „kranke Volkskörper". Industrielle, hohe Beamte und der Diskurs der nationalen Regeneration in der Weimarer Republik. In: Geschichte und Gesellschaft: Zeitschrift für Historische Sozialwissenschaft 27/1, S. 41–67.

206. FRITZ, Gerd (2005): Einführung in die historische Semantik. (= Germanistische Arbeitshefte 42). Berlin/New York: de Gruyter.

207. GANGL, Manfred/RAULET, Gérard (Hrsg.) (2007): Intellektuellendiskurse in der Weimarer Republik. Zur politischen Kultur einer Gemengelage. 2. neu bearbeitete und erweiterte Auflage. (= Schriften zur politischen Kultur der Weimarer Republik 10). Frankfurt a. M.: Lang.

208. GANGL, Manfred (2007): Mythos der Gewalt und Gewalt des Mythos. Georges Sorels Einfluß auf rechte und linke Intellektuelle der Weimarer Republik. In: Gangl, Manfred/Raulet, Gérard (Hrsg.): Intellektuellendiskurse in der Weimarer Republik. Zur politischen Kultur einer Gemengelage. 2. Auflage. (= Schriften zur politischen Kultur der Weimarer Republik 10). Frankfurt a. M.: Lang, S. 243–266.

209. GERHARD, Ute (1997): Flucht und Wanderung in Mediendiskurs und Literatur der Weimarer Republik. In: Jung, Matthias/Wengeler, Martin/Böke, Karin (Hrsg.): Die Sprache des Migrationsdiskurses. Das Reden über „Ausländer" in Medien, Politik und Alltag. Opladen: Westdeutscher Verlag, S. 45–57.

210. GEULEN, Christian (2010): Plädoyer für eine Geschichte der Grundbegriffe des 20. Jahrhunderts. In: Zeithistorische Forschungen 7/1, S. 79–97.

211. GRAF, Rüdiger (2005): Die „Krise" im intellektuellen Zukunftsdiskurs der Weimarer Republik. In: Föllmer, Moritz/Graf, Rüdiger (Hrsg.): Die „Krise" der Weimarer Republik. Zur Kritik eines Deutungsmusters. Frankfurt a. M./New York: Campus, S. 77–107.

212. GROSSE, Siegfried (2002): Zur deutschen Sprache zwischen 1918 und 1933. In: Cherubim, Dieter/Jakob, Karlheinz/Linke, Angelika. (Hrsg.): Neue deutsche Sprachgeschichte. Mentalitäts-, kultur- und sozialgeschichtliche Zusammenhänge. (= Studia linguistica Germanica 64). Berlin/New York: de Gruyter, S. 253–268.

213. HAJER, Maarten A. (2010): Argumentative Diskursanalyse. Auf der Suche nach Koalitionen, Praktiken und Bedeutung. In: Keller, Reiner/Hirseland, Andreas/Schneider, Werner/Viehöver, Willy (Hrsg.): Handbuch Sozialwissenschaftliche Diskursanalyse. Band 2: Forschungspraxis. 4. Auflage. Wiesbaden: VS Verlag für Sozialwissenschaften, S. 271–298.

214. HALL, Stuart (2001): Foucault: Power, Knowledge and Discourse. In: Wetherell, Margaret/Taylor, Stephanie/Yates, Simeon J. (Hrsg.): Discourse Theory and Practice. A Reader. London: Sage, S. 72–81.

215. HASLINGER, Peter (2006): Diskurs, Sprache, Zeit, Identität. Plädoyer für eine erweiterte Diskursgeschichte. In: Eder, Franz X./Sieder, Reinhard (Hrsg.): Historische Diskursanalysen. Genealogie, Theorie, Anwendungen. Wiesbaden: VS Verlag für Sozialwissenschaften, S. 27–50.

216. HÖRISCH, Jochen (2009): Der Takt der Neuzeit. Die Schwellenjahre der Geschichte. Stuttgart: Omega.

217. KÄMPER, Heidrun/SCHMIDT, Hartmut (Hrsg.) (1998): Das 20. Jahrhundert. Sprachgeschichte, Zeitgeschichte. (= Jahrbuch Institut für Deutsche Sprache 1997). Berlin/New York: de Gruyter.

218. KÄMPER, Heidrun (2007): Linguistik als Kulturwissenschaft. Am Beispiel einer Geschichte des sprachlichen Umbruchs im 20. Jahrhundert. In: Kämper, Heidrun/Eichinger, Ludwig M. (Hrsg.): Sprach-Perspektiven. Germanistische Linguistik und das Institut für Deutsche Sprache. (= Studien zur Deutschen Sprache 40). Tübingen: Narr, S. 419–439.

219. KÄMPER, Heidrun (2008): Sprachgeschichte, Zeitgeschichte, Umbruchgeschichte. Sprache im 20. Jahrhundert und ihre Erforschung. In: Kämper, Heidrun/Eichinger, Ludwig M. (Hrsg.): Sprache, Kognition, Kultur. Sprache zwischen mentaler Struktur und kultureller Prägung. (= Jahrbuch Institut für deutsche Sprache 2007). Berlin/New York: de Gruyter, S. 198–224.

220. KÄMPER, Heidrun (2009a): Demokratiegeschichte des 20. Jahrhunderts als Zäsurgeschichte. Das Beispiel der frühen Weimarer Republik. In: Deutsche Sprache 4/09. Berlin: Schmidt, S. 352–369.

221.   KÄMPER, Heidrun (2009b): Neuner-Jahre. Stationen der sprachlichen Demokratiegeschichte. In: Sprachreport 4/2009, S. 10–15.

222.   KÄMPER, Heidrun (2011): Politische Wechsel, sprachliche Umbrüche. Zum Verhältnis von Zeitgeschichte und Sprachgeschichte. In: Bock, Bettina/Fix, Ulla/Pappert, Steffen (Hrsg.): Politische Wechsel, sprachliche Umbrüche. (= Sprachwissenschaft 8). Berlin: Frank & Timme, S. 31–50.

223.   KÄMPER, Heidrun (2012): Krise und Sprache. Theoretische Anmerkungen. In: Mergel, Thomas (Hrsg.): Krisen verstehen. Historische und kulturwissenschaftliche Annäherungen. (= Eigene und fremde Welten 21). Frankfurt a. M./New York: Campus.

224.   KÄMPER, Heidrun/KOPPERT-MAATS, Uta/KREUZ, Christian (2012): Sprache im Umbruch. Weimar 1918. In: Kämper, Heidrun/Kilian, Jörg (Hrsg.): Wort, Begriff, Diskurs. Deutscher Wortschatz und europäische Semantik. (= Sprache, Politik, Gesellschaft 7). Bremen: Hempen, S. 159–181.

225.   KÄMPER, Heidrun (2013): Ein Volk lernt um. Parlamentarisierung der politischen Sprache in der Weimarer Republik. In: Kilian, Jörg/Niehr, Thomas (Hrsg.): Politik als sprachlich gebundenes Wissen. Politische Sprache im lebenslangen Lernen und politischen Handeln. (= Sprache, Politik, Gesellschaft 8). Bremen: Hempen, S. 45–60.

226.   KÄMPER, Heidrun (2014): Demokratisches Wissen in der frühen Weimarer Republik. Historizität, Agonalität, Institutionalisierung. In: Kämper, Heidrun/Haslinger, Peter/Raithel, Thomas (Hrsg.): Demokratiegeschichte als Zäsurgeschichte. Diskurse der frühen Weimarer Republik. (= Diskursmuster 5). Berlin/Boston: de Gruyter, S. 19–96.

227.   KÄMPER, Heidrun/HASLINGER, Peter/RAITHEL, Thomas (Hrsg.) (2014): Demokratiegeschichte als Zäsurgeschichte. Diskurse der frühen Weimarer Republik. (= Diskursmuster 5). Berlin/Boston: de Gruyter.

228.   KÄMPER, Heidrun (2016): Sprache in postkolonialen Kontexten I. Kolonialrevisionistische Diskurse in der Weimarer Republik. In: Stolz, Thomas/Warnke, Ingo H./Schmidt-Brücken, Daniel (Hrsg.): Sprache und Kolonialismus. Eine interdisziplinäre Einführung zu Sprache und Kommunikation in kolonialen Kontexten. Berlin/Boston: de Gruyter, S. 193–212.

229.   KÄMPER, Heidrun (2016): Historizität und Paradigma. Sprachliche Umbrüche des 20. Jahrhunderts im Zeichen von Zeitgebundenheit und Überzeitlichkeit. In: Sprachreport 3/2016, S. 12–20.

230.   KÄMPER, Heidrun/WARNKE, Ingo H./SCHMIDT-BRÜCKEN, Daniel (2016): Diskursive Historizität. In: Kämper, Heidrun/Warnke, Ingo H./Schmidt-Brücken, Daniel (Hrsg.): Textuelle Historizität. Interdisziplinäre Perspektiven auf das historische Apriori. (= Diskursmuster 12). Berlin/Boston: de Gruyter, S. 1–8.

231. LANDWEHR, Achim (2009): Historische Diskursanalyse. 2. Auflage. (= Historische Einführungen 4). Frankfurt a. M./New York: Campus.

232. LASER, Björn (2010): Kulturbolschewismus! Zur Diskurssemantik der „totalen Krise" 1929–1933. (= Theorie und Vermittlung der Sprache 52). Frankfurt a. M.: Lang.

233. LINKE, Angelika (1998): Abschlussdiskussion: Was gehört zur Sprachgeschichte des 20. Jahrhunderts. In: Kämper, Heidrun/Schmidt, Hartmut (Hrsg.): Das 20. Jahrhundert. Sprachgeschichte, Zeitgeschichte. (= Jahrbuch Institut für Deutsche Sprache 1997). Berlin/New York: de Gruyter, S. 345–368.

234. MELL, Ruth M. (2014): Vergangenheitsreflexion, Gegenwartsgefühl und Zukunftserwartung in der Umbruchzeit der frühen Weimarer Republik. Eine diskurslinguistische Analyse der sprachlichen Deutungsmuster Wende und Zusammenbruch. In: Kämper, Heidrun/Haslinger, Peter/Raithel, Thomas (Hrsg.): Demokratiegeschichte als Zäsurgeschichte. Diskurse der frühen Weimarer Republik. (= Diskursmuster 5). Berlin: Akademieverlag, S. 189–212.

235. PAPENFUSS, Dietrich/SCHIEDER, Wolfgang (Hrsg.) (2000): Deutsche Umbrüche im 20. Jahrhundert. Tagungsbeiträge eines Symposiums der Alexander von Humboldt-Stiftung Bonn-Bad Godesberg, veranstaltet vom 14.–18. März 1999 in Bamberg. Köln: Böhlau.

236. PATZEL-MATTERN, Katja (2000): „Volkskörper" und „Leibesfrucht". Eine Diskursanalytische Untersuchung der Abtreibungsdiskussion in der Weimarer Republik. In: Wischermann, Clemens/Haas, Stefan (Hrsg.): Körper mit Geschichte. Der Menschliche Körper als Ort der Selbst- und Weltdeutung. (= Studien zur Geschichte des Alltags 17). Stuttgart: Steiner, S. 191–222.

237. SCHARLOTH, Joachim (2005): Die Semantik der Kulturen. Diskurssemantische Grundfiguren als Kategorien einer linguistischen Kulturanalyse. In: Busse, Dietrich/Niehr, Thomas/Wengeler, Martin (Hrsg.): Brisante Semantik. Neuere Konzepte und Forschungsergebnisse einer kulturwissenschaftlichen Linguistik. (= Germanistische Linguistik 259). Tübingen: Niemeyer, S. 133–151.

238. SCHLOSSER, Horst Dieter (1999): Wörter der zwanziger Jahre. Vom „Abendgymnasium" bis zur „Zwillingsforschung". In: Der Sprachdienst 43/5, S. 185–190.

239. SCHLOSSER, Horst Dieter (Hrsg.) (2003): Das Deutsche Reich ist eine Republik. Beiträge zur Kommunikation und Sprache der Weimarer Zeit. (= Frankfurter Forschung zur Kultur- und Sprachwissenschaft 8). Frankfurt a. M.: Lang.

240. SCHLOSSER, Horst Dieter (2003): Einleitung. In: Schlosser, Horst Dieter (Hrsg.): Das Deutsche Reich ist eine Republik. Beiträge zur Kommunikation und Sprache der Weimarer Zeit. (= Frankfurter Forschungen zur Kultur- und Sprachwissenschaft 8). Frankfurt a. M.: Lang, S. 7–16.

241. SCHOTTMANN, Christian (1997): Politische Schlagwörter in Deutschland zwischen 1929 und 1934. (= Stuttgarter Arbeiten zur Germanistik 342). Stuttgart: Heinz.

242. SEIDENGLANZ, Melanie (2014): Wer hat uns verraten? Zur sprachlichen Konstruktion des Verratsdiskurses im linken Parteienspektrum der frühen Weimarer Republik. (= Sprache, Politik, Gesellschaft 15). Bremen: Hempen.

243. SIEBENPFEIFFER, Hania (2005): „Böse Lust". Gewaltverbrechen in Diskursen der Weimarer Republik. (= Literatur, Kultur, Geschlecht 38). Köln: Böhlau.

244. WENGELER, Martin (2006): Mentalität, Diskurs und Kultur. Semantische Kämpfe in der deutschen Geschichtswissenschaft. In: Felder, Ekkehard (Hrsg.): Semantische Kämpfe. Macht und Sprache in den Wissenschaften. (= Linguistik – Impulse & Tendenzen 19). Berlin/New York: de Gruyter, S. 157–183.

245. WENGELER, Martin (Nachdruck 2012): Thomas Childers' Analyse der politischen Sprache in der Weimarer Republik. In: Wengeler, Martin (Hrsg.): Topos und Diskurs. Begründung einer argumentationsanalytischen Methode und ihre Anwendung auf den Migrationsdiskurs (1960–1985). Nachdruck der 1. Auflage 2003. (= Germanistische Linguistik 244). Berlin/Boston: de Gruyter, S. 115–117.

246. WENGELER, Martin (2013): Von „„Wirtschaftsdemokratie' ist ein ‚Begriffsbastard'" bis „Steuern runter macht Deutschland munter". Zur Geschichte von Wirtschaftsdiskursen im 20. Jahrhundert. In: Sprachwissenschaft 38/1, S. 71–99.

247. ZIEGE, Eva-Maria (2002): Mythische Kohärenz. Diskursanalyse des völkischen Antisemitismus. Konstanz: Universitätsverlag Konstanz.

248. ZIEM, Alexander/SCHOLZ, Ronny/RÖMER, David (2013): Korpuslinguistische Zugänge zum öffentlichen Sprachgebrauch. Spezifisches Vokabular, semantische Konstruktionen und syntaktische Muster in Diskursen über „Krisen". In: Felder, Ekkehard (Hrsg.): Faktizitätsherstellung in Diskursen. Die Macht des Deklarativen. (= Sprache und Wissen 13). Berlin/Boston: de Gruyter, S. 329–359.

4.   Themenbezogene Studien und Forschungsbeiträge

4.1   Historische Bedeutung der Epoche

4.1.1   Zur Geschichte und Mentalität der Weimarer Republik

249.   BECKER, Hellmut/KLUCHERT, Gerhard (1993): Die Bildung der Nation. Schule, Gesellschaft und Politik vom Kaiserreich zur Weimarer Republik. Stuttgart: Klett-Cotta.

250.   BÖCKENFÖRDE, Ernst-Wolfgang (1987): Der Zusammenbruch der Monarchie und die Entstehung der Weimarer Republik. In: Bracher, Karl Dietrich/Funke, Manfred/Jacobsen, Hans-Adolf (Hrsg.): Die Weimarer Republik. 1918–1933. Politik, Wirtschaft, Gesellschaft. (= Schriftenreihe der Bundeszentrale für Politische Bildung 251). Bonn: Bundeszentrale für politische Bildung, S. 17–43.

251.   BRACHER, Karl Dietrich/FUNKE, Manfred/JACOBSEN, Hans-Adolf (Hrsg.) (1988): Die Weimarer Republik. 1918–1933. Politik, Wirtschaft, Gesellschaft. (= Bonner Schriften zur Politik und Zeitgeschichte 22). Düsseldorf: Droste.

252.   DRABKIN, Jakov S. (1983): Die Entstehung der Weimarer Republik. (= Kleine Bibliothek 274). Köln: Pahl-Rugenstein.

253.   GESSNER, Dieter (2009): Die Weimarer Republik. 3. Auflage. Darmstadt: WBG.

254.   GÖBEL, Walter (2005): Erster Weltkrieg und Weimarer Republik. Stuttgart: Klett Lerntraining.

255.   GÖTHEL, Thomas (2002): Demokratie und Volkstum. Die Politik gegenüber den nationalen Minderheiten in der Weimarer Republik. (= Kölner Beiträge zur Nationsforschung 8). Köln: SH-Verlag.

256.   GOSEWINKEL, Dieter (1999): Homogenität des Staatsvolks als Stabilitätsbedingung der Demokratie? Zur Politik der Staatsangehörigkeit in der Weimarer Republik. In: Kieseritzky, Wolther von (Hrsg.): Demokratie in Deutschland. Chancen und Gefährdungen im 19. und 20. Jahrhundert. Historische Essays. München: Beck, S. 173–201.

257.   GROH, Kathrin (2010): Demokratische Staatsrechtslehrer in der Weimarer Republik. Von der konstitutionellen Staatslehre zur Theorie des modernen demokratischen Verfassungsstaats. (= Jus publicum 197). Tübingen: Mohr Siebeck.

258.   HAFFNER, Sebastian (2008): Die deutsche Revolution 1918/1919. Köln: Anaconda.

259.   HILLGRUBER, Andreas (1984): Die gescheiterte Großmacht. Eine Skizze des Deutschen Reiches 1871–1945. 4. Auflage. (= Droste-Taschenbücher Geschichte 900). Düsseldorf: Droste.

260. HOFFROGGE, Rolf (2009): Das Ende einer Revolution. Novemberrevolution 1918 und Märzstreiks 1919.
[http://www.bdwi.de/suchen/2380904.html?searchshow=hoffrogge]

261. HÖLSCHER, Lucian (2003): Die verschobene Revolution. Zur Generierung historischer Zeit in der deutschen Sozialdemokratie vor 1933. In: Hardtwig, Wolfgang (Hrsg.): Utopie und politische Herrschaft im Europa der Zwischenkriegszeit. (= Schriften des Historischen Kollegs Kolloquien 56). München: Oldenbourg.

262. JESSEN-KLINGENBERG, Manfred (1968): Die Ausrufung der Republik durch Philipp Scheidemann am 9. November 1918. In: Geschichte in Wissenschaft und Unterricht 19/11, S. 649–656.

263. LARSEN, Egon (1980): Die Weimarer Republik. (= Heyne-Bücher 7119). München: Heyne.

264. LONGERICH, Peter (1995): Deutschland 1918–1933. Die Weimarer Republik. Handbuch zur Geschichte. Hannover: Fackelträger.

265. MAI, Gunther (2001): Europa 1918–1939. Mentalitäten, Lebensweisen, Politik zwischen den Weltkriegen. Stuttgart: Kohlhammer.

266. MARCOWITZ, Reiner (2009): Die Weimarer Republik 1929–1933. 3. aktualisierte Auflage. Darmstadt: WBG.

267. MASER, Werner (1992): Zwischen Kaiserreich und NS-Regime. Die erste deutsche Republik 1918–1933. Bonn/Berlin: Bouvier.

268. MÖLLER, Horst (2008): Weimar. Eine unvollendete Demokratie. 9. Auflage. (= dtv 34059). München: DTV.

269. MÜLLER, Helmut M. (2002): Schlaglichter der deutschen Geschichte. Bonn: Bundeszentrale für politische Bildung.

270. NIEDHART, Gottfried (1996): Deutsche Geschichte 1918–1933. Politik in der Weimarer Republik und der Sieg der Rechten. 2. Auflage. Stuttgart: Kohlhammer.

271. PÖRTNER, Rudolf (Hrsg.) (1990): Alltag in der Weimarer Republik: Erinnerungen an eine unruhige Zeit. Düsseldorf: Econ.

272. PYTA, Wolfram (2004): Die Weimarer Republik. Opladen: Leske & Budrich.

273. ROSENBERG, Arthur (1988): Entstehung und Geschichte der Weimarer Republik. (= Die kleine weiße Reihe 2). Frankfurt a. M.: Athenäum.

274. REINISCH, Leonhard (Hrsg.) (1961): Die Zeit ohne Eigenschaften. Eine Bilanz der zwanziger Jahre. Stuttgart: Kohlhammer.

275. RETTERATH, Jörn (2016): „Was ist das Volk?". Volks- und Gemeinschaftskonzepte der politischen Mitte in Deutschland 1917–1924. (= Quellen und Darstellungen zur Zeitgeschichte 110). Berlin/Boston: de Gruyter Oldenbourg.

276. RÜRUP, Reinhard (1993): Die Revolution von 1918/19 in der deutschen Geschichte. Vortrag vor dem Gesprächskreis Geschichte der Fried-

rich-Ebert-Stiftung in Bonn am 4. November 1993. (= Gesprächskreis Geschichte 5). Bonn: Forschungsinstitut der Friedrich-Ebert-Stiftung.

277. SCHILDT, Axel (1997): Die Republik von Weimar. Deutschland zwischen Kaiserreich und „Drittem Reich" (1918–1933). Erfurt: LZT.

278. SCHLOSSER, Horst Dieter (2003): Von der „Selbstregierung" zum „einheitlichen Willen der Nation". Die Antrittsreden Eberts und Hindenburgs 1919 und 1925. In: Schlosser, Horst Dieter (Hrsg.): Das Deutsche Reich ist eine Republik. Beiträge zur Kommunikation und Sprache der Weimarer Zeit. (= Frankfurter Forschung zur Kultur- und Sprachwissenschaft 8). Frankfurt a. M.: Lang, S. 63–77.

279. SCHMID, Georg E. (1971): Selbstbestimmung 1919. Anmerkungen zur historischen Relevanz eines politischen Schlagwortes. In: Bosl, Karl (Hrsg.): Versailles, St. Germain, Trianon. Umbruch in Europa vor 50 Jahren. München/Wien: Oldenbourg, S. 127–142.

280. SCHOEPS, Hans-Joachim (Hrsg.) (1968): Zeitgeist der Weimarer Republik. Stuttgart: Klett.

4.1.2 Weimarer Krisenjahre

281. FÖLLMER, Moritz/GRAF, Rüdiger/LEO, Per (2005): Einleitung. Die Kultur der Krise in der Weimarer Republik. In: Föllmer, Moritz/Graf, Rüdiger (Hrsg.): Die „Krise" der Weimarer Republik. Zur Kritik eines Deutungsmusters. Frankfurt a. M./New York: Campus, S. 9–41.

282. FÖLLMER, Moritz/GRAF, Rüdiger (Hrsg.) (2005): Die „Krise" der Weimarer Republik. Zur Kritik eines Deutungsmusters. Frankfurt a. M./New York: Campus.

283. GERHARD, Ute (1998): Nomadische Bewegungen und die Symbolik der Krise. Flucht und Wanderung in der Weimarer Republik. Opladen: Westdeutscher Verlag.

284. GRAF, Rüdiger (2008): Die Zukunft der Weimarer Republik. Krisen und Zukunftsaneignungen in Deutschland 1918–1933. (= Ordnungssysteme 24). München: Oldenbourg.

285. HAHN, Michael (1995): Scheinblüte, Krisenzeit, Nationalsozialismus. Die Weimarer Republik im Spiegel später Zeitromane (1928–1932/3). (= Europäische Hochschulschriften 1542). Frankfurt a. M.: Lang.

286. HARDTWIG, Wolfgang (Hrsg.) (2007): Ordnungen in der Krise. Zur politischen Kulturgeschichte Deutschlands 1900–1933. (= Ordnungssysteme 22). München: Oldenbourg.

287. LAMBSDORFF, Hans Georg (1990): Die Weimarer Republik. Krisen, Konflikte, Katastrophen. Frankfurt a. M.: Lang.

288. PEUKERT, Detlev J. K. (1995): Die Weimarer Republik: Krisenjahre der Klassischen Moderne. 5. Auflage. (= Edition Suhrkamp 1282). Frankfurt a. M.: Suhrkamp.

289.   SABROW, Martin (1994): Der Rathenaumord. Rekonstruktion einer Verschwörung gegen die Republik von Weimar. (= Vierteljahrshefte für Zeitgeschichte 69). München: Oldenbourg.

290.   SABROW, Martin (1999): Die verdrängte Verschwörung. Der Rathenau-Mord und die deutsche Gegenrevolution. (= Fischer-Taschenbücher 14302). Frankfurt a. M.: Fischer.

4.1.3   Dolchstoß-, Feme- und Verratstopos

291.   BARMEYER, Heide (1977): Geschichte als Überlieferung und Konstruktion. Das Beispiel der Dolchstoßlegende. In: Geschichte in Wissenschaft und Unterricht 28, S. 257–271.

292.   BARTH, Boris (2003): Dolchstoßlegenden und politische Desintegration. Das Trauma der deutschen Niederlage im Ersten Weltkrieg 1914–1933. (= Schriften des Bundesarchivs 61). Düsseldorf: Droste.

293.   ERDMANN, Elisabeth (2004): Die „Dolchstoßlegende" in deutschen Schulbüchern von den 20er Jahren bis zur Gegenwart. In: Altrichter, Helmut (Hrsg.): Mythen der Geschichte. (= Rombach Wissenschaft Historiae 16). Freiburg: Rombach, S. 419–436.

294.   HAFFNER, Sebastian (1993): Der Verrat. 1918/1919 – als Deutschland wurde, wie es ist. Berlin: Verlag 1900.

295.   HILLER VON GAERTRINGEN, Friedrich Freiherr (1963): „Dolchstoss"-Diskussion und „Dolchstoss-Legende" im Wandel von vier Jahrzehnten. In: Besson, Waldemar (Hrsg.): Geschichte und Gegenwartsbewusstsein. Historische Betrachtungen und Untersuchungen. Göttingen: Vandenhoeck & Ruprecht, S. 122–160.

296.   HOEGNER, Wilhelm (1958): Die verratene Republik. Geschichte der deutschen Gegenrevolution. München: Isar.

297.   HOFMANN, Ulrike Claudia (2000): „Verräter verfallen der Feme!" Fememorde in Bayern in den zwanziger Jahren. Köln: Böhlau.

298.   KAEHLER, Siegfried A. (1961): Über die Herkunft des Schlagwortes „Im Felde unbesiegt". In: Kaehler, Siegfried A. (Hrsg.): Studien zur Geschichte des 19. und 20. Jahrhunderts: Aufsätze und Vorträge. Göttingen: Vandenhoeck & Ruprecht, S. 303–305.

299.   LEBZELTER, Gisela (1985): Die „schwarze Schmach". Vorurteile, Propaganda, Mythos. In: Geschichte und Gesellschaft 11, S. 37–58.

300.   LOBENSTEIN-REICHMANN, Anja (2002): Die Dolchstoßlegende. Zur Konstruktion eines sprachlichen Mythos. In: Muttersprache 112/1, S. 25–41.

301.   NAGEL, Irmela (1991): Fememorde und Fememordprozesse in der Weimarer Republik. (= Kölner historische Abhandlungen 36). Köln: Böhlau.

302.   PETZOLD, Joachim (1963): Die Dolchstoßlegende. Eine Geschichtsfälschung im Dienst des deutschen Imperialismus und Militarismus.

2. Auflage. (= Schriften des Instituts für Geschichte 1/18). Berlin: Akademie.

303. RUDOLF, Ludwig Ritter von (1958): Die Lüge, die nicht stirbt. Die „Dolchstoßlegende" von 1918. Nürnberg: Glock & Lutz.

304. SAMMET, Rainer (2003): „Dolchstoß". Deutschland und die Auseinandersetzung mit der Niederlage im ersten Weltkrieg (1918–1933). (= Hochschulschriften 2). Berlin: Trafo.

305. SCHÄFER, Renate (1962): Zur Geschichte des Wortes „zersetzen". In: Zeitschrift für deutsche Wortforschung 18, S. 48–80.

306. SEIDENGLANZ, Melanie (2014): Wer hat uns verraten? Zur sprachlichen Konstruktion des Verratsdiskurses im linken Parteienspektrum der frühen Weimarer Republik. (= Sprache, Politik, Gesellschaft 15). Bremen: Hempen.

307. SEILER, Bernd W. (1966): „Dolchstoß" und „Dolchstoßlegende". In: Zeitschrift für deutsche Sprache 1–2, S. 1–20.

308. WIRSCHING, Andreas (2004): „Augusterlebnis" 1914 und „Dolchstoß" 1918. Zwei Versionen derselben Legende? In: Dotterweich, Volker (Hrsg.): Mythen und Legenden in der Geschichte. (= Schriften der Philosophischen Fakultäten der Universität Augsburg 64). München: Verlag Ernst Vögel, S. 187–202.

4.1.4 Auflösung und Zerfall der Republik

309. BRACHER, Karl Dietrich (Nachdruck 1984): Die Auflösung der Weimarer Republik. Eine Studie zum Problem des Machtverfalls in der Demokratie. Nachdruck der 5. Auflage 1971. (= Droste-Taschenbücher Geschichte 908). Düsseldorf: Droste.

310. BÜTTNER, Ursula (2008) Weimar. Die überforderte Republik. 1918–1933. Leistung und Versagen in Staat, Gesellschaft, Wirtschaft und Kultur. Stuttgart: Klett-Cotta.

311. BUNDESZENTRALE FÜR POLITISCHE BILDUNG (Hrsg.) (2003a): Weimarer Republik. Bonn: Bundeszentrale für politische Bildung.

312. BUSSMANN, Walter (1960): Politische Ideologien zwischen Monarchie und Weimarer Republik. Ein Beitrag zur Ideengeschichte der Weimarer Republik. In: Historische Zeitschrift 190/1, S. 55–57.

313. ERDMANN, Karl-Dietrich (1980): Die Weimarer Republik. (= Handbuch der deutschen Geschichte 19). München: DTV.

314. GREVELHÖRSTER, Ludger (2002): Kleine Geschichte der Weimarer Republik 1918–1933. Ein problemgeschichtlicher Überblick. 2. Auflage. Münster: Aschendorff.

315. GUMBRECHT, Hans Ulrich (2001): 1926. Ein Jahr am Rand der Zeit. Frankfurt a. M.: Suhrkamp.

316. HERZFELD, Hans (1980): Die Weimarer Republik. 6. ergänzte Auflage. (= Ullstein-Bücher 3846). Frankfurt a. M.: Ullstein.

317. HEY, Bernd (1992): Weimarer Republik und Nationalsozialismus. Demokratie und Diktatur in Deutschland 1918–1945. Stuttgart: Klett.

318. HILLGRUBER, Andreas (1980): Die politischen Kräfte der Mitte und die Auflösung der Weimarer Republik. In: Bodensiek, Heinrich (Hrsg.): Preußen, Deutschland und der Westen. Auseinandersetzungen und Beziehungen seit 1789. Göttingen: Muster-Schmidt, S. 155–175.

319. KLUGE, Ulrich (2006): Die Weimarer Republik. (= UTB Geschichte 2805). Paderborn: Schöningh.

320. KÖHLER, Henning (1982): Geschichte der Weimarer Republik. 2. Auflage. (= Beiträge zur Zeitgeschichte 4). Berlin: Colloquium.

321. KOLB, Eberhard (2013): Die Weimarer Republik. 8. überarbeitete und erweiterte Auflage. (= Oldenbourg Grundriss der Geschichte 16). München: Oldenbourg.

322. KREBS, Diethart/STAHR, Henrik (1992): Berlin 1932. Die letzten Jahre der deutschen Republik. Politik, Symbole, Medien. Berlin: Hentrich.

323. KÜHNL, Reinhard (1985): Die Weimarer Republik. Errichtung, Machtstruktur und Zerstörung einer Demokratie. (= Rororo 5540). Reinbek: Rowohlt.

324. MOMMSEN, Hans (1989): Die verspielte Freiheit. Der Weg der Republik von Weimar in den Untergang. 1918 bis 1933. (= Propyläen-Geschichte Deutschlands 8). Berlin: Propyläen.

325. MOMMSEN, Hans (2004): Aufstieg und Untergang der Republik von Weimar 1918–1933. 2. Auflage. (= Ullstein-Bücher 26581). Berlin: Ullstein.

326. LEPSIUS, Rainer M. (1993): Machtübernahme und Machtübergabe. Zur Strategie des Regimewechsels 1918/19 und 1932/33. In: Lepsius, M. Rainer (Hrsg.): Demokratie in Deutschland. Soziologisch-historische Konstellationsanalysen. Ausgewählte Aufsätze. (= Kritische Studien zur Geschichtswissenschaft 100). Göttingen: Vandenhoeck & Ruprecht, S. 80–94.

327. SAMMET, Rainer (2002): Niederlage und Revolution. Die deutsche Arbeiterbewegung und der 9. November 1918 während der Weimarer Republik. In: Beiträge zur Geschichte der Arbeiterbewegung 44/3, S. 21–40.

328. SCHULZE, Hagen (1993): Weimar. Deutschland 1917–1933. 4. Auflage. Berlin: Siedler.

329. WINKLER, Heinrich August (Hrsg.) (1992): Die deutsche Staatskrise 1930–1933. Handlungsspielräume und Alternativen. (= Schriften des Historischen Kollegs 26). München: Oldenbourg.

330. WINKLER, Heinrich August/CAMMAN, Alexander (Hrsg.) (1997): Weimar. Ein Lesebuch zur deutschen Geschichte. München: Beck.

331. WINKLER, Heinrich August (Hrsg.) (2002): Weimar im Widerstreit. Deutungen der ersten deutschen Republik im geteilten Deutsch-

land. (= Schriftenreihe der Stiftung Reichspräsident-Friedrich-Ebert-Gedenkstätte 10). München: Oldenbourg.

332.   WINKLER, Heinrich August (Hrsg.) (2005): Weimar 1918–1933. Die Geschichte der ersten deutschen Demokratie. 4. durchgesehene Auflage. München: Beck.

333.   WINKLER, Heinrich August (2005): Der lange Weg nach Westen. Band 1: Deutsche Geschichte vom Ende des Alten Reiches bis zum Untergang der Weimarer Republik. 6. Auflage. München: Beck.

334.   WIRSCHING, Andreas (2008): Die Weimarer Republik. Politik und Gesellschaft. 2. Auflage. (= Enzyklopädie deutscher Geschichte 58). München: Oldenbourg.

4.2   Das politische System

4.2.1   Nationalversammlung, Weimarer Verfassung und Staatsrecht

335.   ABENDROTH, Wolfgang (1984): Die Funktion des Politikwissenschaftlers und Staatsrechtslehrers Hermann Heller in der Weimarer Republik in der Bundesrepublik Deutschland. In: Müller, Christoph/Staff, Ilse (Hrsg.): Der soziale Rechtsstaat. Gedächtnisschrift für Hermann Hellner 1891 – 1933. Baden-Baden: Nomos, S. 213–233.

336.   ANSCHÜTZ, Gerhard (1921): Die Verfassung des Deutschen Reichs vom 11. August 1919. Mit Einleitung und Erläuterung von Dr. Gerhard Anschütz. Berlin: Stilke.

337.   BOLDT, Hans (1987): Die Weimarer Reichsverfassung. In: Bracher, Karl Dietrich/Funke, Manfred/Jacobsen, Hans-Adolf (Hrsg.): Die Weimarer Republik 1918–1933. Politik. Wirtschaft. Gesellschaft. (= Bonner Schriften zur Politik und Zeitgeschichte 22). Düsseldorf: Droste, S.44–62.

338.   BOLLMEYER, Heiko (2007): Der steinige Weg zur Demokratie. Die Weimarer Nationalversammlung zwischen Kaiserreich und Republik. (= Historische Politikforschung 13). Frankfurt a. M./New York: Campus.

339.   GROH, Kathrin (2010): Demokratische Staatsrechtslehrer in der Weimarer Republik. Von der konstitutionellen Staatslehre zur Theorie des modernen demokratischen Verfassungsstaats. (= Jus publicum 197). Tübingen: Mohr Siebeck.

340.   GRUHLICH, Rainer (2012): Geschichtspolitik im Zeichen des Zusammenbruchs. Die Deutsche Nationalversammlung 1919/20. Revolution, Reich, Nation. (= Beiträge zur Geschichte des Parlamentarismus und der politischen Parteien 160). Düsseldorf: Droste.

341.   GUSY, Christoph (1995): Das Demokratiekonzept der Weimarer Reichsverfassung. In: Jura 17/5, S. 226–234.

342.   GUSY, Christoph (1997): Die Weimarer Reichsverfassung. Tübingen: Mohr Siebeck.

343. GUSY, Christoph (2000) (Hrsg.): Demokratisches Denken in der Weimarer Republik. (= Interdisziplinäre Studien zu Recht und Staat 16). Baden-Baden: Nomos.

344. GUSY, Christoph (2000b): Fragen an das „demokratische Denken" in der Weimarer Republik. In: Gusy, Christoph (Hrsg.): Demokratisches Denken in der Weimarer Republik. (= Interdisziplinäre Studien zu Recht und Staat 16). Baden-Baden: Nomos S. 635–663.

345. GUSY, Christoph (2008): SFB 584. Teilprojekt A 8. Demokratisches Denken in der Weimarer Republik. Weimarer Staatsrechtler als politische Akteure, Politiker, Politikberater und Politikwissenschaftler. [http://uni-bielefeld.de/geschichte/forschung/sfb584/project/phase2.html]

346. GUSY, Christoph (2011): Die Weimarer Verfassung als negative Ordnungsidee. In: Journal für Juristische Zeitgeschichte 2, S. 47–57.

347. HASS-ZUMKEHR, Ulrike (1998): Die Weimarer Reichsverfassung – Tradition, Funktion, Rezeption. In: Kämper, Heidrun/Schmidt, Hartmut (Hrsg.): Das 20. Jahrhundert. Sprachgeschichte, Zeitgeschichte. (= Jahrbuch Institut für Deutsche Sprache 1997). Berlin/New York: de Gruyter, S. 225–249.

348. HEUN, Werner (1989): Der staatsrechtliche Positivismus in der Weimarer Republik. In: Der Staat 28, S. 377–403.

349. JASPER, Gotthard (1963): Der Schutz der Republik. Studien zur staatlichen Sicherung der Demokratie in der Weimarer Republik 1922–1930. (= Tübinger Studien zur Geschichte und Politik 16). Tübingen: Mohr Siebeck.

350. KÜHNE, Jörg Detlef (2000): Demokratisches Denken in der Weimarer Verfassungsdiskussion. Hugo Preuß und die Nationalversammlung. In: Gusy, Christoph (Hrsg.): Demokratisches Denken in der Weimarer Republik. (= Interdisziplinäre Studien zu Recht und Staat 16). Baden-Baden: Nomos, S.115–133.

351. LEPSIUS, Oliver (2000): Staatstheorie und Demokratiebegriff in der Weimarer Republik. In: Gusy, Christoph (Hrsg.): Demokratisches Denken in der Weimarer Republik. (= Interdisziplinäre Studien zu Recht und Staat 16). Baden-Baden: Nomos, S. 366–414.

352. MÖLLER, Horst (1987): Parlamentarismus-Diskussion der Weimarer Republik. Die Frage des „besonderen" Weges zum parlamentarischen Regierungssystem. In: Funke, Manfred/Morsey, Rudolf (Hrsg.): Demokratie und Diktatur. Geist und Gestalt politischer Herrschaft in Deutschland und Europa. Düsseldorf: Droste, S. 140–157.

353. PAULY, Walter/HÜNEMÖRDER, Olaf (2004): Grundrechtslaboratorium Weimar. Zur Entstehung des zweiten Hauptteils der Reichsverfassung vom 14. August 1919. Tübingen: Mohr Siebeck.

354. POHL, Tina (2002): Demokratisches Denken in der Weimarer Nationalversammlung. (= Rechtsgeschichtliche Studien 4). Hamburg: Kovac.

355. PREUSS, Hugo (1919): Denkschrift zum Verfassungsentwurf. In: Reichs-amt des Innern (Hrsg.): Entwurf der künftigen Reichsverfassung. Allgemeiner Teil. Berlin: Hobbing, S. 3–32.

356. RAITHEL, Thomas (2002): Parlamentarisches System in der Weimarer Republik und in der Dritten Französischen Republik 1919–1933/40. Ein funktionaler Vergleich. In: Möller, Horst/Kittel, Manfred (Hrsg.): Demokratie in Deutschland und Frankreich 1918–1933/40. Beiträge zu einem historischen Vergleich. (= Quellen und Darstellungen zur Zeitgeschichte 59). München: Oldenbourg, S. 283–314.

357. RAITHEL, Thomas (2005a): Das schwierige Spiel des Parlamentarismus. Deutscher Reichstag und französische Chambre des Députés in den Inflationskrisen der 1920er Jahre. (= Quellen und Darstellungen zur Zeitgeschichte 62). München: Oldenbourg.

358. RAITHEL, Thomas (2005b): Funktionsstörungen des Weimarer Parlamentarismus. In: Föllmer, Moritz/Graf, Rüdiger (Hrsg.): Die „Krise" der Weimarer Republik. Zur Kritik eines Deutungsmusters. Frankfurt a. M./New York: Campus, S. 243–266.

359. RAUH, Manfred (1977): Die Parlamentarisierung des Deutschen Reiches. (= Beiträge zur Geschichte des Parlamentarismus und der politischen Parteien 60). Düsseldorf: Droste.

360. REICHSAMT DES INNERN (Hrsg.): Entwurf der künftigen Reichsverfassung. Allgemeiner Teil. Berlin: Hobbing.

361. RITTER, Gerhard A. (1994): Die Entstehung des Räteartikels 165 der Weimarer Reichsverfassung. In: Historische Zeitschrift 258/1, S. 73–112.

362. SCHEFOLD, Dian (2011): Demokratische Staatsrechtslehrer in der Weimarer Republik. Anmerkungen zur Studie von Kathrin Groh. In: Lehnert, Detlef (Hrsg.): Hugo Preuß 1860–1923. Genealogie eines modernen Preußen. (= Historische Demokratieforschung 2). Köln: Böhlau, S. 139–161.

363. SCHLUCHTER, Wolfgang (1983): Entscheidung für den sozialen Rechtsstaat. Hermann Heller und die staatstheoretische Diskussion in der Weimarer Republik. 2. Auflage. Baden-Baden: Nomos.

364. SCHMITT, Carl (1928): Verfassungslehre. München/Leipzig: Duncker & Humblot.

365. WIRSCHING, Andreas (2008a): „Vernunftrepublikanismus" in der Weimarer Republik. Neue Analysen und offene Fragen. In: Wirsching, Andreas/Eder, Jürgen (Hrsg.): Vernunftrepublikanismus in der Weimarer Republik. Politik, Literatur, Wissenschaft. (= Wissenschaftliche Reihe Stiftung Bundespräsident-Theodor-Heuss-Haus 9). Stuttgart: Steiner, S. 9–26.

366. WIRSCHING, Andreas/Eder, Jürgen (2008c) (Hrsg.): Vernunftrepublikanismus in der Weimarer Republik. Politik, Literatur, Wissen-

schaft. (= Wissenschaftliche Reihe Stiftung Bundespräsident-Theodor-Heuss-Haus 9). Stuttgart: Steiner.

367. WITTRECK, Fabian (2011): Verfassungsgebende Landesversammlung und Preußische Verfassung von 1920. In: Lehnert, Detlef (Hrsg.): Hugo Preuß 1860–1925. Genealogie eines modernen Preußen. (= Historische Demokratieforschung 2). Köln: Böhlau, S. 317–337.

4.2.2 Parlamentarische Kultur und politische Symbolik

368. BENDIKAT, Elfi/LEHNERT, Detlef (1990): „Schwarzweißrot gegen Schwarzrotgold". Identifikation und Abgrenzung parteipolitischer Teilkulturen im Reichstagswahlkampf des Frühjahrs 1924. In: Lehnert, Detlef/Megerle, Klaus (Hrsg.): Politische Teilkulturen zwischen Integration und Polarisierung. Zur politischen Kultur in der Weimarer Republik. Opladen: Westdeutscher Verlag, S. 203–240.

369. DANIEL, Ute/MARSZOLEK, Inge/PYTA, Wolfram/WELSKOPP, Thomas (Hrsg.) (2010): Politische Kultur und Medienwirklichkeiten in den 1920er Jahren. (= Schriftenreihe der Stiftung Reichspräsident-Friedrich-Ebert-Gedenkstätte 14). München: Oldenbourg.

370. FRIEDEL, Alois (1956): Die politischen Symbole der Weimarer Republik. Marburg: o.V.

371. FRIEDEL, Alois (1968): Deutsche Staatssymbole. Herkunft und Bedeutung der politischen Symbolik in Deutschland. Frankfurt a.M./Bonn: Athenäum.

372. GANGL, Manfred (Hrsg.) (2007): Intellektuellendiskurse in der Weimarer Republik. Zur politischen Kultur einer Gemengelage. 2. neubearbeitete und erweiterte Auflage. (= Schriften zur politischen Kultur der Weimarer Republik 10). Frankfurt a.M./New York: Campus.

373. GEYER, Martin H. (2010): Der Barmat-Kutisker-Skandal und die „Gleichzeitigkeit des Ungleichzeitigen" in der politischen Kultur der Weimarer Republik. In: Daniel, Ute/Marszolek, Inge/Pyta, Wolfram/Welskopp, Thomas (Hrsg.): Politische Kultur und Medienwirklichkeiten in den 1920er Jahren. (= Schriftenreihe der Stiftung Reichspräsident-Friedrich-Ebert-Gedenkstätte 14). München: Oldenbourg, S. 47–80.

374. HARDTWIG, Wolfgang (2005): Politische Kulturgeschichte der Zwischenkriegszeit 1918–1939. (= Geschichte und Gesellschaft Sonderheft 21). Göttingen: Vandenhoeck & Ruprecht.

375. HATTENHAUER, Hans (2006): Deutsche Nationalsymbole. Geschichte und Bedeutung. 4. Auflage. München: Olzog.

376. HERING, Rainer (2005): „Parteien vergehen, aber das deutsche Volk muß weiterleben". Die Ideologie der Überparteilichkeit als wichtiges Element der politischen Kultur im Kaiserreich und in der Weimarer Republik. In: Schmitz, Walter/Vollnhals, Clemens (Hrsg.): Völkische Bewegung, Konservative Revolution, Nationalsozialismus. Aspekte einer

politischen Kultur. (= Kultur und antidemokratische Politik in Deutschland 1, Kulturstudien 2). Dresden: Thelem, S. 33–43.

377. HOFFMANN-CURTIUS, Kathrin (1985): Das Kreuz als Nationaldenkmal. Deutschland 1814 und 1931. In: Zeitschrift für Kunstgeschichte 48/1, S. 77–100.

378. KRETSCHMANN, Carsten (2009): Generation und politische Kultur in der Weimarer Republik. In: Becht, Hans-Peter (Hrsg.): Politik, Kommunikation und Kultur in der Weimarer Republik. (= Pforzheimer Gespräche zur Sozial-, Wirtschafts- und Stadtgeschichte 4). Heidelberg: Regionalkultur, S. 11–30.

379. LINSMAYER, Ludwig (1992): Politische Kultur im Saargebiet 1920–1932. Symbolische Politik, verhinderte Demokratisierung, nationalisiertes Kulturleben in einer abgetrennten Region. (= Saarland-Bibliothek 2). St. Ingbert: Röhrig.

380. MERGEL, Thomas (2004): „Sehr verehrter Herr Kollege". Zur Symbolik der Sprache im Reichstag der Weimarer Republik. In: Schlögl, Rudolf/ Giesen, Bernhard/Osterhammel, Jürgen (Hrsg.): Die Wirklichkeit der Symbole. Grundlagen der Kommunikation in historischen und gegenwärtigen Gesellschaften. (= Historische Kulturwissenschaft 1). Konstanz: UVK Verlagsgesellschaft, S. 369–394.

381. MERGEL, Thomas (2005): Parlamentarische Kultur in der Weimarer Republik. Politische Kommunikation, symbolische Politik und Öffentlichkeit im Reichstag. (= Beiträge zur Geschichte des Parlamentarismus und der politischen Parteien 135). Düsseldorf: Droste.

382. RIBBE, Wolfgang (1972): Flaggenstreit und Heiliger Hain. Bemerkungen zur nationalen Symbolik in der Weimarer Republik. In: Kurze, Dietrich (Hrsg.): Aus Theorie und Praxis der Geschichtswissenschaft. (= Veröffentlichungen der Historischen Kommission zu Berlin 37). Berlin/New York: de Gruyter, S. 175–188.

383. SCHIRMER, Dietmar (1989): Politisch-kulturelle Deutungsmuster. Vorstellungen von der Welt der Politik in der Weimarer Republik. In: Lehnert, Detlef/Megerle, Klaus (Hrsg.): Politische Identität und nationale Gedenktage. Zur politischen Kultur in der Weimarer Republik. Opladen: Westdeutscher, S. 31–60.

384. SCHÖNBERGER, Christoph (2000): Demokratisches Denken in der Weimarer Republik. Anfang und Abschied. In: Gusy, Christoph (Hrsg.): Demokratisches Denken in der Weimarer Republik. (= Interdisziplinäre Studien zu Recht und Staat 16). Baden-Baden: Nomos, S. 664–669.

385. SCHUMANN, Dirk (2001): Politische Gewalt in der Weimarer Republik 1918–1933. Kampf um die Straße und Furcht vor dem Bürgerkrieg. (= Veröffentlichungen des Instituts für Soziale Bewegungen 17). Essen: Klartext.

386. SCHWAABE, Christian (2005): Die deutsche Modernitätskrise. Politische Kultur und Mentalität von der Reichsgründung bis zur Wiedervereinigung. Paderborn: Fink.

387. ULLRICH, Sebastian (2005): Mehr als Schall und Rauch. Der Streit um den Namen der ersten deutschen Demokratie 1918–1933. In: Föllmer, Max/Graf, Rüdiger (Hrsg.): Die „Krise" der Weimarer Republik. Zur Kritik eines Deutungsmusters. Frankfurt a. M./New York: Campus, S. 187–207.

4.2.3 Versailler Vertrag, Außenpolitik und Europabewegung

388. CONZE, Vanessa (2005): Das Europa der Deutschen. Ideen von Europa in Deutschland zwischen Reichstradition und Westorientierung (1920–1970). (= Studien zur Zeitgeschichte 69). München: Oldenbourg.

389. CONZE, Vanessa (2007): „Unverheilte Brandwunden in der Außenhaut des Volkskörpers". Der deutsche Grenz-Diskurs der Zwischenkriegszeit (1919–1930). In: Hardtwig, Wolfgang (Hrsg.): Ordnungen in der Krise. Zur politischen Kulturgeschichte Deutschlands 1900–1933. (= Ordnungssysteme 22). München: Oldenbourg, S. 21–48.

390. HILLGRUBER, Andreas (1983): „Revisionismus". Kontinuität und Wandel in der Außenpolitik der Weimarer Republik. In: Historische Zeitschrift 237, S. 597–621.

391. HÖLTJE, Christian (1958): Die Weimarer Republik und das Ostlocarno-Problem 1918–1934. Revision oder Garantie der deutschen Ostgrenze von 1919. Würzburg: Holzner.

392. KOLB, Eberhard (2011): Der Frieden von Versailles. 2. Auflage. (= Beck'sche Reihe 2375). München: Beck.

393. KRÜGER, Peter (1996): Der Europagedanke in der Weimarer Republik. Locarno als Kristallisationspunkt und Impuls. In: Bosmans, Jan (Hrsg.): Europagedanke, Europabewegung und Europapolitik in den Niederlanden und Deutschland seit dem Ersten Weltkrieg. (= Niederlande-Studien 10). Münster/Hamburg: LIT, S. 15–32.

394. KRÜGER, Peter (1993): Die Außenpolitik der Republik von Weimar. 2. Auflage. Darmstadt: WBG.

395. KRÜGER, Peter (1993): Versailles. Deutsche Außenpolitik zwischen Revisionismus und Friedenssicherung. 2. Auflage. München: DTV.

396. LABA, Agnes (2014): „Entgegen dem feierlich erklärtem Mehrheitswillen". Das Volk als diskursive Ressource im Ostgrenzen-Diskurs der Weimarer Republik. In: Kämper, Heidrun/Haslinger, Peter/Raithel, Thomas (Hrsg.): Demokratiegeschichte als Zäsurgeschichte. Diskurse der frühen Weimarer Republik. (= Diskursmuster 5). Berlin/Boston: de Gruyter, S. 123–152.

397. LORENZ, Thomas (2008): „Die Weltgeschichte ist das Weltgericht". Die Versailler Verträge in Diskurs und Zeitgeist der Weimarer Republik. (= Campus Forschung 914). Frankfurt a. M./New York: Campus.

398.   LORENZ, Thomas (2008): „Die Weltgeschichte ist das Weltgericht!"
       Der Versailler Vertrag in Diskurs und Zeitgeist der Weimarer Republik.
       (= Campus Forschung 914). Frankfurt a. M./New York: Campus.

399.   NIEDHART, Gottfried (2006): Die Außenpolitik der Weimarer Republik.
       2. aktualisierte Auflage. (= Enzyklopädie deutscher Geschichte 53).
       München: Oldenbourg.

400.   PYTA, Wolfram (2011): Der Erste Weltkrieg und seine Folgen in
       Deutschland und Frankreich. Kulturelle Deutungen und politische Ord-
       nungsvorstellungen 1914–1933. In: Pyta, Wolfram/Kretschmann, Cars-
       ten (Hrsg.): Burgfrieden und Union sacrée. Literarische Deutungen
       und politische Ordnungsvorstellungen in Deutschland und Frankreich
       1914–1933. (= Historische Zeitschrift Beihefte 54). München: Olden-
       bourg, S. 1–31.

401.   RAITHEL, Thomas (2002): Parlamentarisches System in der Weimarer
       Republik und in der Dritten Französischen Republik 1919–1933/40.
       Ein funktionaler Vergleich. In: Möller, Horst/Kittel, Manfred (Hrsg.):
       Demokratie in Deutschland und Frankreich 1918–1933/40. Beiträge zu
       einem historischen Vergleich. (= Quellen und Darstellungen zur Zeit-
       geschichte 59). München: Oldenbourg, S. 283–314.

402.   RETTERATH, Hans-Werner (2000): Deutschamerikanertum und Volks-
       tumsgedanke. Zur Ethnizitätskonstruktion durch die auslandsdeutsche
       Kulturarbeit zwischen 1918 und 1945.
       [http://archiv.ub.uni-marburg.de/diss/z2003/0646/pdf/Retter.pdf]

4.2.4 Parteien, Geisteshaltungen und politische Überzeugungen

403.   BAVAJ, Riccardo (2006): Hybris und Gleichgewicht. Weimars „anti-
       demokratisches Denken" und Kurt Sontheimers freiheitlich-demokra-
       tische Mission. In: Zeithistorische Forschungen 3/2, S. 315–321.

404.   GUSY, Christoph (1993): Die Lehre vom Parteienstaat in der Weimarer
       Republik. (= Schriften zum Parteienrecht 8). Baden-Baden: Nomos.

405.   LEHNERT, Detlef (1999): Die Weimarer Republik. Parteienstaat und Mas-
       sengesellschaft. (= Universal-Bibliothek 17018). Stuttgart: Reclam.

406.   MOMMSEN, Wilhelm/FRANZ, Günther (Hrsg.) (1981): Die deutschen
       Parteiprogramme. 1918–1930. Leipzig/Berlin: Teubner.

407.   NEUMANN, Sigmund (1986): Die Parteien der Weimarer Republik.
       5. Auflage. (= Urban-Taschenbücher 175). Stuttgart: Kohlhammer.

408.   SALOMON, Felix (Hrsg.) (1919): Die neuen Parteiprogramme mit den
       letzten der alten Parteien zusammengestellt. Leipzig: Teubner.

409.   SONTHEIMER, Kurt (1962b): Die Parteienkritik in der Weimarer Repub-
       lik. In: Politische Studien 13, S. 563–574.

410.   THOSS, Hendrik (2008): Demokratie ohne Demokraten? Die Innenpo-
       litik der Weimarer Republik. (= Deutsche Geschichte im 20. Jahrhun-
       dert 6). Berlin: be.bra.

411.   WEGNER, Konstanze/ALBERTIN, Lothar (Hrsg.) (1980): Linksliberalismus in der Weimarer Republik. Die Führungsgremien in der Deutschen Demokratischen Partei und der Deutschen Staatspartei 1918–1933. (= Quellen zur Geschichte des Parlamentarismus und der politischen Parteien 3/5). Düsseldorf: Droste.

412.   WIRSCHING, Andreas (2000): Demokratisches Denken in der Geschichtswissenschaft der Weimarer Republik. In: Gusy, Christoph (Hrsg.): Demokratisches Denken in der Weimarer Republik. (= Interdisziplinäre Studien zu Recht und Staat 16). Baden-Baden: Nomos, S. 71–95.

4.2.5   Sozialdemokratie und Arbeiterbewegung

413.   BARCK, Simone/PLENER, Ulla (Hrsg.) (2009): Verrat. Die Arbeiterbewegung zwischen Trauma und Trauer. Berlin: Dietz.

414.   BUCHNER, Bernd (2001): Um nationale und republikanische Identität. Die deutsche Sozialdemokratie und der Kampf um die Symbole in der Weimarer Republik. (= Politik und Gesellschaft 57). Bonn: Dietz.

415.   GENTSCH, Dirk H. (1994): Zur Geschichte der sozialdemokratischen Schulpolitik in der Zeit der Weimarer Republik. Eine historisch-pädagogische Analyse zur Schulpolitik der SPD in Deutschland in den Jahren von 1919 bis 1933. Eine Studie. Frankfurt a. M.: Lang.

416.   GREBING, Helga (2007): Geschichte der deutschen Arbeiterbewegung. Von der Revolution 1848 bis ins 21. Jahrhundert. Berlin: Vorwärts.

417.   GRAU, Bernhard (2001): Kurt Eisner. 1967–1919. Eine Biographie. München: Beck.

418.   HARSCH, Donna (1992): Der Sklareskandal 1929 und die sozialdemokratische Reaktion. In: Heid, Ludger/Pauker, Arnold (Hrsg.): Juden und die deutsche Arbeiterbewegung bis 1933. Soziale Utopien und religiös-kulturelle Traditionen. (= Schriftenreihe wissenschaftlicher Abhandlungen des Leo-Baeck-Instituts 49). Tübingen: Mohr, S. 193–213.

419.   HÖLSCHER, Lucian (2003): Die verschobene Revolution. Zur Generierung historischer Zeit in der deutschen Sozialdemokratie vor 1933. In: Hardtwig, Wolfgang (Hrsg.): Utopie und politische Herrschaft im Europa der Zwischenkriegszeit. (= Schriften des Historischen Kollegs Kolloquien 56). München: Oldenbourg.

420.   KOSZYK, Kurt (1958): Zwischen Kaiserreich und Diktatur. Die sozialdemokratische Presse von 1914 bis 1933. (= Deutsche Presseforschung 1). Heidelberg: Quelle & Meyer.

421.   LÖSCHE, Peter/WALTER, Franz (1990): Zwischen Expansion und Krise. Das sozialdemokratische Arbeitermilieu. In: Lehnert, Detlef/Megerle, Klaus (Hrsg.): Politische Teilkulturen zwischen Integration und Polarisierung. Zur politischen Kultur in der Weimarer Republik. Opladen: Westdeutscher Verlag, S. 161–187.

422.   MAI, Gunther (1994): Arbeiterschaft und „Volksgemeinschaft". In: Speitkamp, Winfried/Seier, Hellmut (Hrsg.): Staat, Gesellschaft, Wis-

senschaft. Beiträge zur modernen hessischen Geschichte. (= Veröffent-lichungen der Historischen Kommission für Hessen 55). Marburg: Elwert, S. 211–228.

423. MATTHIAS, Erich/PIKART, Eberhard (Hrsg.) (1966): Die Reichstagsfrak-tion der deutschen Sozialdemokratie 1898 bis 1918. (= Quellen zur Ge-schichte des Parlamentarismus und der politischen Parteien 1). Düssel-dorf: Droste.

424. MILLER, Susanne/POTTHOF, Heinrich (1981): Kleine Geschichte der SPD. Darstellung und Dokumentation 1848–1980. 4. überarbeitete und erweiterte Auflage. Bonn: Neue Gesellschaft.

425. MÖLLER, Horst (1991): Folgen und Lasten eines verlorenen Krieges. Ebert, die Sozialdemokratie und der nationale Konsens. (Kleine Schrif-ten Stiftung Reichspräsident-Friedrich-Ebert-Gedenkstätte 8) Heidel-berg: Stiftung Reichspräsident-Friedrich-Ebert-Gedenkstätte.

426. MÜHLHAUSEN, Walter (2007): Friedrich Ebert 1871–1925. Reichspräsi-dent der Weimarer Republik. 2. Auflage. Bonn: Dietz.

427. OPP DE HIPT, Manfred (1987): Denkbilder in der Politik. Der Staat in der Sprache von CDU und SPD. (= Beiträge zur sozialwissenschaftlichen Forschung 102). Opladen: Westdeutscher.

428. REESE, Dagmar (1989): Skandal und Ressentiment: Das Beispiel des Berliner Sklarek-Skandals von 1929. In: Ebbinghausen, Rolf/Neckel, Sighard (Hrsg.): Anatomie des politischen Skandals. (= Edition Suhr-kamp 1548). Frankfurt a. M.: Suhrkamp, S. 374–395.

429. SAMMET, Rainer (2002): Niederlage und Revolution. Die deutsche Ar-beiterbewegung und der 9. November 1918 während der Weimarer Re-publik. In: Beiträge zur Geschichte der Arbeiterbewegung 44/3, S. 21–40.

430. SCHUSTEREIT, Hartmut (1975): Linksliberalismus und Sozialdemokratie in der Weimarer Republik. Eine vergleichende Betrachtung der Politik von DDP und SPD 1919–1930. (= Geschichte und Gesellschaft 9). Düs-seldorf: Schwann.

431. SEIDLER, Franz (1994): Nazi und Sozi. Zwei politische Schlagwörter. In: Wirkendes Wort 44, S. 316–330.

432. WALTER, Franz (1995): Zwischen nationaler Romantik und sozialde-mokratischer Reformpolitik. Der Hofgeismar-Kreis der Jungsozialis-ten und seine Wirkungen auf die SPD in der Weimarer Republik. In: Rudloff, Michael (Hrsg.): Sozialdemokratie und Nation. Der Hofgeis-markreis in der Weimarer Republik und seine Nachwirkungen. Leipzig: Friedrich Ebert Stiftung, S. 46–60.

433. WETTE, Wolfram (1988): Gustav Noske. Eine politische Biographie. 2. Auflage. Düsseldorf: Droste.

434. WITT, Peter-Christian (2008): Friedrich Ebert. Parteiführer, Reichs-kanzler, Volksbeauftragter. Reichspräsident. 4. Auflage. Bonn: Dietz.

4.2.6   Sozialismus und Kommunismus

435.   BAVAJ, Riccardo (2005): Von links gegen Weimar. Linkes antiparlamentarisches Denken in der Weimarer Republik. (= Politik- und Gesellschaftsgeschichte 67). Bonn: Dietz.

436.   FLECHTHEIM, Ossip K. (1973): Die Kommunistische Partei Deutschlands in der Weimarer Republik. 3. Auflage. Frankfurt a. M.: Europäische Verlagsanstalt.

437.   KOLB, Eberhard (1962): Die Arbeiterräte in der deutschen Innenpolitik 1918–1919. (= Beiträge zur Geschichte des Parlamentarismus und der politischen Parteien 23). Düsseldorf: Droste.

438.   LASER, Björn (2010): Kulturbolschewismus! Zur Diskurssemantik der „totalen Krise" 1929–1933. (= Theorie und Vermittlung der Sprache 52). Frankfurt a. M.: Lang.

439.   MERZ, Kai-Uwe (1995): Das Schreckbild. Deutschland und der Bolschewismus 1917 bis 1921. Frankfurt a. M./Berlin: Propyläen.

440.   MOMMSEN, Hans (1978): Klassenkampf oder Mitbestimmung. Zum Problem der Kontrolle wirtschaftlicher Macht in der Weimarer Republik. (= Schriftenreihe der Otto-Brenner-Stiftung 9; Hugo Sinzheimer Gedächtnisveranstaltung 2). Köln: Europäische Verlagsanstalt.

441.   MÜLLER, Richard (1921): Das Rätesystem in Deutschland. [https://www.sozialismus.info/2002/08/10026/].

442.   NOVY, Klaus (1978): Strategien der Sozialisierung. Die Diskussion der Wirtschaftsreform in der Weimarer Republik. Frankfurt a. M./New York: Campus.

443.   SCHMIERER, Joscha (1975) Sozialfaschismusthese und politische Programmatik der KPD 1928–33. Mannheim: Kühl.

444.   SEIDENGLANZ, Melanie (2014): Wer hat uns verraten? Zur sprachlichen Konstruktion des Verratsdiskurses im linken Parteienspektrum der frühen Weimarer Republik. (= Sprache, Politik, Gesellschaft 15). Bremen: Hempen.

4.2.7   Konservatismus und Liberalismus

445.   BECKER, Josef (1968): Die deutsche Zentrumspartei 1918–1933. Grundprobleme ihrer Entwicklung. In: Aus Politik und Zeitgeschichte 18/11, S. 3–15.

446.   BUSSCHE, Raimund von dem (1998): Konservatismus in der Weimarer Republik. Die Politisierung des Unpolitischen. (= Heidelberger Abhandlungen zur mittleren und neueren Geschichte 11). Heidelberg: Winter.

447.   CLASON, Synnöve (1981): Schlagworte der „Konservativen Revolution". Studien zum polemischen Wortgebrauch des radikalen Konservatismus in Deutschland zwischen 1871 und 1933. (= Schriften des deutschen

Instituts Universität Stockholm 12). Stockholm: Tyska institutionen Stockholms universitet.

448. CLASON, Synnöve (1991): Von Schlagwörtern und Schimpfwörtern. Die Abwertung des Liberalismus in der Ideologiesprache der konservativen Revolution. In: Liedtke, Frank/Wengeler, Martin/Böke, Karin (Hrsg.): Begriffe besetzen. Strategien des Sprachgebrauchs in der Politik. Opladen: Westdeutscher Verlag, S. 144–159.

449. EPSTEIN, Klaus (1962): Matthias Erzberger und das Dilemma der deutschen Demokratie. Berlin: Leber.

450. HARTMANNSGRUBER, Friedrich (1987): Die christlichen Volksparteien 1848–1933. Idee und Wirklichkeit. In: Rüther, Günther (Hrsg.): Geschichte der Christlich-Demokratischen und Christlich-Sozialen Bewegungen in Deutschland. Grundlagen, Unterrichtsmodelle, Quellen und Arbeitshilfen für die politische Bildung. 2. Auflage. (= Schriftenreihe der Bundeszentrale für Politische Bildung 2016). Bonn: Bundeszentrale für Politische Bildung, S. 220–332.

451. HEINSOHN, Kirsten (2000): Im Dienste der deutschen Volksgemeinschaft. Die „Frauenfrage" und konservative Parteien vor und nach dem Ersten Weltkrieg. In: Planert, Ute (Hrsg.): Nation, Politik und Geschlecht. Frauenbewegungen und Nationalsozialismus in der Moderne. (= Geschichte und Geschlechter 31). Frankfurt a. M./New York: Campus, S. 215–233.

452. HEINSOHN, Kirsten (2002): „Volksgemeinschaft" als gedachte Ordnung. Zur Geschlechterpolitik in der Deutschnationalen Volkspartei. In: Boukrif, Gabriele (Hrsg.): Geschlechtergeschichte des Politischen. Entwürfe von Geschlecht und Gemeinschaft im 19. und 20. Jahrhundert. (= Geschlecht, Kultur, Gesellschaft 10). Münster: LIT, S. 83–106.

453. HESS, Jürgen C. (1978): Das ganze Deutschland soll es sein. Demokratischer Nationalismus in der Weimarer Republik am Beispiel der Deutschen Demokratischen Partei. (= Kieler historische Studien 24). Stuttgart: Klett-Cotta.

454. HÜBINGER, Gangolf (1998): Geschichtsmythen in „völkischer Bewegung" und „konservativer Revolution". Nationalistische Wirkungen historischer Sinnbildung. In: Blanke, Horst Walter (Hrsg.): Dimensionen der Historik. Geschichtstheorie, Wissenschaftsgeschichte und Geschichtskultur heute. Köln: Böhlau, S. 93–103.

455. KOLB, Eberhard (Hrsg.) (1999): Nationalliberalismus in der Weimarer Republik. Die Führungsgremien in der Deutschen Volkspartei (1918–1933). Band 1: 1918–1925. (= Quellen zur Geschichte des Parlamentarismus und der politischen Parteien 3). Düsseldorf: Droste.

456. KOLB, Eberhard/RICHTER, Ludwig (1999): Einleitung. In: Kolb, Eberhard (Hrsg.): Nationalliberalismus in der Weimarer Republik. Die Führungsgremien der Deutschen Volkspartei (1918–1933). Band 1: 1918–1925. (= Quellen zur Geschichte des Parlamentarismus und der politischen Parteien 3). Düsseldorf: Droste, S. 9–50.

457. LOBENSTEIN-REICHMANN, Anja (2002): Liberalismus, Demokratie, Konservativismus. Moeller van den Bruck, das Begriffssystem eines Konservativen zu Beginn der Weimarer Republik. In: Cherubim, Dieter (Hrsg.): Neue deutsche Sprachgeschichte. Mentalitäts-, kultur- und sozialgeschichtliche Zusammenhänge. (= Studia linguistica Germanica 64). Berlin/New York: de Gruyter, S. 183–206.

458. MOHLER, Armin (2005): Die konservative Revolution in Deutschland 1918–1932. 6. völlig überarbeitete und erweiterte Auflage. Graz/Stuttgart: Ares.

459. MORSEY, Rudolf (1966): Die Deutsche Zentrumspartei 1917–1923. (= Beiträge zur Geschichte des Parlamentarismus und der politischen Parteien 32). Düsseldorf: Droste.

460. MORSEY, Rudolf/RUPPERT, Carsten (1981): Die Protokolle der Reichstagsfraktion der deutschen Zentrumspartei. 1920–1925. (= Veröffentlichungen der Kommission für Zeitgeschichte 33). Mainz: Grünewald.

461. RICHTER, Ludwig (2002): Die Deutsche Volkspartei 1918–1933. (= Beiträge zur Geschichte des Parlamentarismus und der politischen Parteien 134). Düsseldorf: Droste.

462. RUPPERT, Karsten (1992): Im Dienst am Staat von Weimar. Das Zentrum als regierende Partei in der Weimarer Demokratie 1923–1930. (= Beiträge zur Geschichte des Parlamentarismus und der politischen Parteien 96). Düsseldorf: Droste.

463. SEEFRIED, Elke (2008): Verfassungspragmatismus und Gemeinschaftsideologie. „Vernunftsrepublikanismus" in der deutschen Zentrumspartei. In: Wirsching, Andreas/Eder, Jürgen (Hrsg.): Vernunftrepublikanismus in der Weimarer Republik. Politik, Literatur, Wissenschaft. (= Wissenschaftliche Reihe Stiftung Bundespräsident-Theodor-Heuss-Haus 9). Stuttgart: Steiner, S. 57–86.

464. WRIGHT, Jonathan R. C. (2006): Gustav Stresemann 1878–1929. Weimars größter Staatsmann. München: Deutsche Verlags-Anstalt.

4.2.8 Nationalsozialismus und völkisches Denken

465. ALTGELD, Wolfgang (1991): Die Ideologie des Nationalsozialismus und seine Vorläufer. In: Bracher, Karl Dietrich/Valiani, Leo (Hrsg.): Faschismus und Nationalsozialismus. (= Schriften des Italienisch-Deutschen Historischen Instituts in Trient 1). Berlin: Duncker & Humblot, S. 107–136.

466. BENDIKAT, Elfi/LEHNERT, Detlef (1990): „Schwarzweißrot gegen Schwarzrotgold". Identifikation und Abgrenzung parteipolitischer Teilkulturen im Reichtagswahlkampf des Frühjahrs 1924. In: Lehnert, Detlef/Megerle, Klaus (Hrsg.): Politische Teilkulturen zwischen Integration und Polarisierung. Zur politischen Kultur in der Weimarer Republik. Opladen: Westdeutscher Verlag, S. 102–142.

467. BREUER, Stefan (1996): Der Neue Nationalsozialismus in Weimar und seine Wurzeln. In: Berding, Helmut (Hrsg.): Mythos und Nation. (= Studien zur Entwicklung des kollektiven Bewußtseins in der Neuzeit 3). Frankfurt a. M.: Suhrkamp, S. 257–274.

468. BREUER, Stefan (2001): Ordnungen der Ungleichheit. Die deutsche Rechte im Widerstreit ihrer Ideen 1871–1945. Darmstadt: WBG.

469. BREUER, Stefan (2008): Die Völkischen in Deutschland. Kaiserreich und Weimarer Republik. Darmstadt: WBG.

470. BREUER, Stefan (2010): Die Völkischen in Deutschland. Kaiserreich und Weimarer Republik. 2. Auflage. Darmstadt: WBG.

471. BRUENDEL, Stefan (2011): Solidaritätsformeln oder politisches Ordnungsmodell? Vom Burgfrieden zur Volksgemeinschaft 1914–1933. In: Pyta, Wolfram/Kretschmann, Carsten (Hrsg.): Burgfrieden und Union sacrée. Literarische Deutungen und politische Ordnungsvorstellungen in Deutschland und Frankreich 1914–1933. (= Historische Zeitschrift Beihefte 54). München: de Gruyter Oldenbourg. S. 33–50.

472. BROSZAT, Martin (1987): Die Machtergreifung. Der Aufstieg der NSDAP und die Zerstörung der Weimarer Republik. 2. Auflage. (= dtv 4516). München: DTV.

473. BUNDESZENTRALE FÜR POLITISCHE BILDUNG (Hrsg.) (2003b): Nationalsozialismus I: Von den Anfängen bis zur Festigung der Macht. (= Informationen zur politischen Bildung 251). Bonn: Bundeszentrale für politische Bildung.

474. BOLLMEYER, Heiko (2010): Das „Volk" in den Verfassungsberatungen der Weimarer Nationalversammlung 1919. Ein demokratietheoretischer Schlüsselbegriff zwischen Kaiserreich und Republik. In: Gallus, Alexander (Hrsg.): Die vergessene Revolution von 1918/19. Göttingen: Vandenhoeck & Ruprecht, S. 57–83.

475. BORMANN, Alexander von (1998): Volk als Idee. Zur Semiotisierung des Volksbegriffs. In: Bormann, Alexander von (Hrsg.): Volk, Nation, Europa. Zur Romantisierung und Entromantisierung politischer Begriffe. (= Stiftung für Romantikforschung 4). Würzburg: Königshausen & Neumann, S. 35–56.

476. BRACKMANN, Karl-Heinz/BIRKENHAUER, Renate (1988): NS-Deutsch. „Selbstverständliche" Begriffe und Schlagwörter aus der Zeit des Nationalsozialismus. (= Europäisches Übersetzer-Kolloquium 4). Straelen: Straelener Manuskripte.

477. DANN, Otto (1993): Nation und Nationalismus in Deutschland. 1770–1990. (= Beck'sche Reihe 494). München: Beck.

478. DÜLFFER, Jost (1994): Hitler, Nation und Volksgemeinschaft. In: Dann, Otto (Hrsg.): Die deutsche Nation. Geschichte, Probleme, Perspektiven. (= Kölner Beiträge zur Nationsforschung 1). Vierow: SH-Verlag, S. 98–116.

479. DUNKMANN, Karl (1924): Völkisch oder Volklich?. In: Nordland. Monatsschrift für Volkstum und Gemeinschaftspflege 1/5–6, S. 53–55.

480. EITZ, Thorsten/STÖTZEL, Georg (2007): Wörterbuch der „Vergangenheitsbewältigung". Die NS-Vergangenheit im öffentlichen Sprachgebrauch. Band 1. Hildesheim: Olms.

481. EITZ, Thorsten/STÖTZEL, Georg (2009): Wörterbuch der „Vergangenheitsbewältigung". Die NS-Vergangenheit im öffentlichen Sprachgebrauch. Band 2. Hildesheim: Olms.

482. FAHLBUSCH, Michael (1994): Deutschtum im Ausland. Zur Volks- und Kulturbodentheorie in der Weimarer Republik. In: Büttner, Manfred (Hrsg.): Miteinander, nebeneinander, gegeneinander. Vielfalt religiöser, ethnischer, kultureller Gruppen und deren Beziehung zueinander im gemeinsamen Lebensraum. (= Abhandlungen zur Geschichte der Geowissenschaften und Religion-Umwelt-Forschung 10). Bochum: Brockmeyer, S. 213–231.

483. FAULENBACH, Bernd (1980): Ideologie des deutschen Weges. Die deutsche Geschichte in der Historiographie zwischen Kaiserreich und Nationalsozialismus. München: Beck.

484. FÖLLMER, Moritz (2000): Die fragile „Volksgemeinschaft". Industrielle, hohe Beamte und das Problem der nationalen Solidarität in der Weimarer Republik. In: Jahrbuch für Historische Bildungsforschung 6, S. 281–298.

485. FÖLLMER, Moritz (2001): Der „kranke Volkskörper". Industrielle, hohe Beamte und der Diskurs der nationalen Regeneration in der Weimarer Republik. In: Geschichte und Gesellschaft 27, S. 41–67.

486. FUHRMEISTER, Christian (2010): Ikonografie der „Volksgemeinschaft". In: Thamer, Hans-Ulrich/Erpel, Simone (Hrsg.): Hitler und die Deutschen. Volksgemeinschaft und Verbrechen. Dresden: Sandstein, S. 94–103.

487. FRÖHLICH, Elke (Hrsg.) (2004): Joseph Goebbels. Die Tagebücher von Joseph Goebbels. Teil I: Aufzeichnungen 1923–1941. Band 1/1: Oktober 1923 – November 1925. München: Saur.

488. GÖTZ, Norbert (2001): Ungleiche Geschwister. Die Konstruktion von nationalsozialistischer Volksgemeinschaft und schwedischem Volksheim. (= Die kulturelle Konstruktion von Gemeinschaften im Modernisierungsprozeß 4). Baden-Baden: Nomos.

489. GÖTZ, Norbert (2008): Volksgemeinschaft. In: Haar, Ingo/Berg, Matthias (Hrsg.): Handbuch der völkischen Wissenschaften. Personen, Institutionen, Forschungsprogramme, Stiftungen. München: Saur, S. 713–720.

490. GÖTZ, Norbert (2012): Die nationalsozialistische Volksgemeinschaft im synchronen und diachronen Vergleich. In: Schmiechen-Ackermann, Detlef (Hrsg.): „Volksgemeinschaft". Mythos, wirkungsmächtige soziale Verheißung oder soziale Realität im „Dritten Reich"? Zwischenbilanz einer kontroversen Debatte. (= Nationalsozialistische „Volksgemeinschaft" 1). Paderborn: Schöningh, S. 55–67.

491.   HAFFNER, Sebastian (1987): Von Bismarck zu Hitler. Ein Rückblick. München: Kindler.

492.   HARDTWIG, Wolfgang (2013): Volksgemeinschaft im Übergang. Von der Demokratie zum rassistischen Führerstaat. In: Lehnert, Detlef (Hrsg.): Gemeinschaftsdenken in Europa. Das Gesellschaftskonzept „Volksheim" im Vergleich 1900–1938. (= Historische Demokratieforschung 5). Köln: Böhlau, S. 227–253.

493.   HARTUNG, Günter (1996): Völkische Ideologie. In: Puschner, Uwe/ Schmitz, Walter/Ulbricht, Justus H. (Hrsg.): Handbuch zur „Völkischen Bewegung" 1871–1918. München: Saur, S. 22–41.

494.   HERMAND, Jost (1988): Der alte Traum vom neuen Reich. Völkische Utopien und Nationalsozialismus. Frankfurt a. M.: Athenäum.

495.   HEY, Bernd (1992): Weimarer Republik und Nationalsozialismus. Demokratie und Diktatur in Deutschland 1918–1945. Stuttgart: Klett.

496.   HINDERER, Walter (1998): Das Kollektivindividuum Nation im deutschen Kontext. Zu seinem Bedeutungswandel im vor- und nachrevolutionären Diskurs. In: von Bormann, Alexander (Hrsg.): Volk, Nation, Europa. Zur Romantisierung und Entromantisierung politischer Begriffe. (= Stiftung für Romantikforschung 4). Würzburg: Königshausen & Neumann, S. 179–197.

497.   HOBSBAWM, Eric J. (1992): Nationen und Nationalismus. Mythos und Realität seit 1780. 2. Auflage. Frankfurt a. M./New York: Campus.

498.   HOFFEND, Andrea (1987): Bevor die Nazis die Sprache beim Wort nahmen. Wurzeln und Entsprechungen nationalsozialistischen Sprachgebrauchs. In: Muttersprache 97, S. 257–299.

499.   HOFFMANN, Lutz (1991): Das „Volk". Zur ideologischen Struktur eines unvermeidbaren Begriffs. In: Zeitschrift für Soziologie 20/3, S. 191–208.

500.   HOFFMANN, Lutz (1994): Das deutsche Volk und seine Feinde. Die völkische Droge. Aktualität und Entstehungsgeschichte. (= Neue kleine Bibliothek 42). Köln: Papyrossa.

501.   HÜBINGER, Gangolf (1998): Geschichtsmythen in „völkischer Bewegung" und „konservativer Revolution". Nationalistische Wirkungen historischer Sinnbildung. In: Blanke, Horst Walter (Hrsg.): Dimensionen der Historik. Geschichtstheorie, Wissenschaftsgeschichte und Geschichtskultur heute. Köln: Böhlau, S. 93–103.

502.   JANKA, Franz (1997): Die braune Gesellschaft. Ein Volk wird formatiert. Stuttgart: Quell.

503.   JANSEN, Christian (2002): Deutsches Volk und Deutsches Reich. Zur Pathologie der Nationalstaatsidee im 19. Jahrhundert. In: Bialas, Wolfgang (Hrsg.): Die nationale Identität der Deutschen. Philosophische Imaginationen und historische Mentalitäten. Frankfurt a. M.: Lang, S. 167–194.

504.   JANSEN, Sarah (2003): „Schädlinge". Geschichte eines wissenschaftlichen und politischen Konstrukts 1840–1920. (= Historische Studien 25). Frankfurt a. M./New York: Campus.

505.   JEGELKA, Norbert (1996): „Volksgemeinschaft". Begriffskonturen in „Führer"ideologie, Recht und Erziehung (1933–1945). In: Graczyk, Annette (Hrsg.): Das Volk. Abbild, Konstruktion, Phantasma. Berlin: Akademie, S. 115–127.

506.   KAUFFMANN, Heiko/KELLERSHOHN, Helmut/PAUL, Jobst (Hrsg.) (2005): Völkische Bande. Dekadenz und Wiedergeburt. Analyse rechter Ideologie. Münster: Unrast.

507.   KERSHAW, Ian (1999): Der Hitler-Mythos. Führerkult und Volksmeinung. Stuttgart: Deutsche Verlags-Anstalt.

508.   KNOBLOCH, Clemens (2005): Volkhafte Sprachforschung. Studien zum Umbau der Sprachwissenschaft in Deutschland zwischen 1918 und 1945. (= Germanistische Linguistik 257). Tübingen: Niemeyer.

509.   KÖNNEMANN, Erwin/SCHULZE Gerhard (Hrsg.) (2002): Der Kapp-Lüttwitz-Ludendorff-Putsch. Dokumente. München: Olzog.

510.   LEPSIUS, Oliver (1994): Die gegensatzaufhebende Begriffsbildung. Methodenentwicklungen in der Weimarer Republik und ihr Verhältnis zur Ideologisierung der Rechtswissenschaft im Nationalsozialismus. (= Münchener Universitätsschriften, Reihe der Juristischen Fakultät 100). München: Beck.

511.   LOBENSTEIN-REICHMANN, Anja (2014): Der völkische Demokratiebegriff. In: Kämper, Heidrun/Haslinger, Peter/Raithel, Thomas (Hrsg.): Demokratiegeschichte als Zäsurgeschichte. Diskurse der frühen Weimarer Republik. (= Diskursmuster 5). Berlin/Boston: de Gruyter, S. 285–306.

512.   MAJUT, Rudolf (1958): Nazi, Bazi und Konsorten. In: Zeitschrift für deutsche Philologie 77, S. 291–316.

513.   MASER, Werner (1992): Zwischen Kaiserreich und NS-Regime. Die erste deutsche Republik 1918–1933. Bonn/Berlin: Bouvier.

514.   MATTHIESEN, Helge (1997): Von der Massenbewegung zur Partei. Der Nationalsozialismus in der deutschen Gesellschaft der Zwischenkriegszeit. In: Geschichte in Wissenschaft und Unterricht 48/5–6, S. 316–329.

515.   MEINECKE, Friedrich (1919a): Der nationale Gedanke im alten und neuen Deutschland. In: Meinecke, Friedrich (Hrsg.): Nach der Revolution. Geschichtliche Betrachtungen über unsere Lage. München: Oldenburg, S. 49–71.

516.   MEINECKE, Friedrich (1919b): Verfassung und Verwaltung der deutschen Republik. In: Meinecke, Friedrich: Politische Schriften und Reden. Hg. und eingel. von Georg Kotowski. Darmstadt: Toeche-Mittler Verlag 1958 (Friedrich Meinecke Werke Band 2), S. 280–298.

517.   MERGEL, Thomas (2005): Führer, Volksgemeinschaft und Maschine. Politische Erwartungsstrukturen in der Weimarer Republik und dem Na-

tionalsozialismus 1918–1936. In: Hardtwig, Wolfgang (Hrsg.): Politische Kulturgeschichte der Zwischenkriegszeit 1918–1932. (= Geschichte und Gesellschaft Sonderheft 21). Göttingen: Vandenhoeck & Ruprecht, S. 91–127.

518.　Mosse, George L. (1979): Ein Volk, ein Reich, ein Führer. Die völkischen Ursprünge des Nationalsozialismus. Königstein (Taunus): Athenäum.

519.　Mosse, Georg L. (1991): Die völkische Revolution. Über die geistigen Wurzeln des Nationalsozialismus. Frankfurt a. M.: Hain.

520.　Ohnezeit, Maik (2011): Zwischen „schärfster Opposition" und dem „Willen zur Macht". Die Deutsch-Nationale Volkspartei (DNVP) in der Weimarer Republik 1918–1928. (= Beiträge zur Geschichte des Parlamentarismus und der politischen Parteien 158). Düsseldorf: Droste.

521.　Oberkrome, Willi (1993): Volksgeschichte. Methodische Innovation und völkische Ideologisierung in der deutschen Geschichtswissenschaft 1918–1945. (= Kritische Studien zur Geschichtswissenschaft 101). Göttingen: Vandenhoeck & Ruprecht.

522.　Phelps, Reginald H. (1963): Hitler als Parteiredner im Jahre 1920. In: Vierteljahreshefte für Zeitgeschichte 11, S. 274–289.

523.　Puschner, Uwe (2007): Völkisch. Plädoyer für einen „engen" Begriff. In: Ciupke, Paul (Hrsg.): „Die Erziehung zum deutschen Menschen". Völkische und nationalkonservative Erwachsenenbildung in der Weimarer Republik. (= Geschichte und Erwachsenenbildung 23). Essen: Klartext, S. 53–66.

524.　Puschner, Uwe (2010): „Wildgeworden" und „gefährlich"! Die öffentliche Auseinandersetzung mit den Völkischen in ihrer Zeit. In: Merziger, Patrick/Stöber, Rudolf/Körber, Esther-Beate/Schulz, Jürgen-Michael (Hrsg.): Geschichte, Öffentlichkeit, Kommunikation. Stuttgart: Steiner, S. 109–126.

525.　Reichardt, Sven (2002): „Märtyrer" der Nation. Überlegungen zum Nationalsozialismus in der Weimarer Republik. In: Echternkamp, Jörg/Müller, Sven Oliver (Hrsg.): Die Politik der Nation. Deutscher Nationalismus in Krieg und Krisen 1760–1960. (= Beiträge zur Militärgeschichte 56). München: Oldenbourg, S. 173–202.

526.　Richter, Ludwig (2002): Die deutsche Volkspartei 1918–1933. (= Beiträge zur Geschichte des Parlamentarismus und der politischen Parteien 134). Düsseldorf: Droste.

527.　Sauer, Wolfgang Werner (1978): Der Sprachgebrauch der Nationalsozialisten vor 1933. (= Hamburger Philologische Studien 47). Hamburg: Buske.

528.　Schmitz-Berning, Cornelia (2007): Vokabular des Nationalsozialismus. 2. Auflage. Berlin/New York: de Gruyter.

529.　Schreiner, Klaus (1991): Politischer Messianismus, Führergedanke und Führererwartung in der Weimarer Republik. In: Hettling, Manfred

(Hrsg.): Was ist Gesellschaftsgeschichte? Positionen, Themen, Analysen. München: Beck, S. 237–247.

530. SEIDLER, Franz (1994): Nazi und Sozi. Zwei politische Schlagwörter. In: Wirkendes Wort 44, S. 316–330.

531. SONTHEIMER, Kurt (1957): Antidemokratisches Denken in der Weimarer Republik. In: Vierteljahreshefte für Zeitgeschichte 5/1, S. 42–62.

532. SONTHEIMER, Kurt (1968): Antidemokratisches Denken in der Weimarer Republik. Die politischen Ideen des deutschen Nationalismus zwischen 1918 und 1933. München: Nymphenburger Verlagsbuchhandlung.

533. SONTHEIMER, Kurt (1994): Antidemokratisches Denken in der Weimarer Republik. Die politischen Ideen des deutschen Nationalismus zwischen 1918 und 1933. 4. Auflage. (= dtv-Wissenschaft 4312). München: DTV.

534. STRASSNER, Erich (1983): Sprache im Nationalsozialismus. In: Bauer, Dietrich R. (Hrsg.): Macht der Verführung. Sprache und Ideologie des Nationalsozialismus. Tagung der katholischen Akademie in Stuttgart-Hohenheim 29./30. Januar 1983. Stuttgart: Katholische Akademie, S. 37–53.

535. WAGNER, Hans-Ulrich (1992): Volk ohne Raum. Zur Geschichte eines Schlagwortes. In: Bergmann, Rolf (Hrsg.): Sprachwissenschaft. Band 17. O.O.: o.V., S. 68–109.

536. WEIN, Susanne (2014): Antisemitismus im Reichstag: Judenfeindliche Sprache in Politik und Gesellschaft der Weimarer Republik. (= Zivilisationen & Geschichte 30). Frankfurt a. M.: Lang.

537. WEIPERT, Matthias (2006): „Mehrung der Volkskraft". Die Debatte über Bevölkerung, Modernisierung und Nation 1890–1933. Paderborn: Schöningh.

538. WILDT, Michael (2005): „Volksgemeinschaft" als politischer Topos in der Weimarer Republik. In: Gottwaldt, Alfred (Hrsg.): NS-Gewaltherrschaft. Beiträge zur historischen Forschung und juristischer Aufarbeitung. (= Publikationen der Gedenk- und Bildungsstätte Haus der Wannsee-Konferenz 11). Berlin: Hentrich, S. 23–39.

539. WILDT, Michael (2009): Die Ungleichheit des Volkes. „Volksgemeinschaft" in der politischen Kommunikation der Weimarer Republik. In: Bajohr, Frank/Wildt, Michael (Hrsg.): Volksgemeinschaft. Neue Forschungen zur Gesellschaft des Nationalsozialismus. (= Fischer 18354). Frankfurt a. M.: Fischer, S. 24–40.

540. WILDT, Michael (2010): Volksgemeinschaft und Führererwartung in der Weimarer Republik. In: Daniel, Ute/Marszolek, Inge/Pyta, Wolfram/Welskopp, Thomas (Hrsg.): Politische Kultur und Medienwirklichkeiten in den 1920er Jahren. (= Schriftenreihe der Stiftung Reichspräsident-Friedrich-Ebert-Gedenkstätte 14). München: Oldenbourg, S. 181–204.

541. WINKLER, Heinrich August (1972): Mittelstand, Demokratie und Nationalsozialismus. Die politische Entwicklung von Handwerk und Kleinhandel in der Weimarer Republik. Köln: Kiepenheuer & Witsch.

542.   WOLTER, Heike (2003): „Volk ohne Raum". Lebensraumvorstellungen im geopolitischen, literarischen und politischen Diskurs der Weimarer Republik. Eine Untersuchung auf der Basis von Fallstudien zu Leben und Werk Karl Haushofers, Hans Grimms und Adolf Hitlers. (= Sozial- und Wirtschaftsgeschichte 7). Münster: LIT.

4.2.9   Antisemitismus in der Weimarer Republik

543.   BEIN, Alexander (1965): „Der jüdische Parasit". Bemerkungen zur Semantik der Judenfrage. In: Vierteljahreshefte für Zeitgeschichte 13/2, S. 121–149.

544.   BENZ, Wolfgang/BERGMANN, Werner (Hrsg.) (1997): Vorurteil und Völkermord. Entwicklungslinien des Antisemitismus. Freiburg: Herder.

545.   BERING, Dietz (1992): Kampf um Namen. Bernhard Weiß gegen Joseph Goebbels. 2. Auflage. Stuttgart: Klett-Cotta.

546.   BERING, Dietz (1991): Sprache und Antisemitismus im 19. Jahrhundert. In: Wimmer, Rainer (Hrsg.): Das 19. Jahrhundert. Sprachgeschichtliche Wurzeln des heutigen Deutsch. (= Jahrbuch Institut für Deutsche Sprache 1990). Berlin/New York: de Gruyter, S. 325–354.

547.   COBET, Christoph (1973): Der Wortschatz des Antisemitismus in der Bismarckzeit. (= Münchner Germanistische Beiträge 11). München: Fink.

548.   DUNKER, Ulrich (1977): Der Reichsbund jüdischer Frontsoldaten 1919–1938. Geschichte eines jüdischen Abwehrvereins. Düsseldorf: Droste.

549.   ENGELHARDT, Isabelle (2013): A Political Catholic View. Discourses on Judenfrage in the Daily Newspaper Germania 1918–1933. In: Horan, Geraldine/Rash, Felicity/Wildman, Daniel (Hrsg.): English and German Nationalist and Anti-Semitic Discourse. 1871–1945. (= German linguistic and cultural studies 25). Bern: Lang, S. 71–89.

550.   GAY, Peter (1986): In Deutschland zu Hause. Die Juden in der Weimarer Zeit. In: Paucker, Arnold (Hrsg.): Die Juden im Nationalsozialistischen Deutschland. (= Schriftenreihe wissenschaftlicher Abhandlungen des Leo-Baeck-Instituts 45). Tübingen: Mohr, S. 31–43.

551.   GEYER, Martin H. (2000): Die Sprache des Rechts, die Sprache des Antisemitismus. „Wucher" und soziale Ordnungsvorstellungen im Kaiserreich und der Weimarer Republik. In: Dipper, Christof (Hrsg.): Europäische Sozialgeschichte. Berlin: Duncker & Humblot, S. 413–429.

552.   GRAB, Walter/SCHOEPS, Julius H. (Hrsg.) (1998): Juden in der Weimarer Republik. Skizzen und Porträts. 2. Auflage. Darmstadt: WBG.

553.   HAMBROCK, Matthias (2003): Die Etablierung der Außenseiter. Der Verband nationaldeutscher Juden 1921–1935. Köln: Böhlau.

554.   HANNOT, Walter (1990): Die Judenfrage in der katholischen Tagespresse Deutschlands und Österreichs 1923–1933. (= Veröffentlichungen der Kommission für Zeitgeschichte 51) Mainz: Grünewald.

555.   HOLZ, Klaus (2001): Nationaler Antisemitismus. Wissenssoziologie einer Weltanschauung. Hamburg: Hamburger Edition.

556.   JOCHMANN, Werner (1988): Gesellschaftskrise und Judenfeindschaft in Deutschland 1870–1945. (= Hamburger Beiträge zur Sozial- und Zeitgeschichte 23). Hamburg: Christians.

557.   KREMER, Arndt (2007): Deutsche Juden – deutsche Sprache. Jüdische und judenfeindliche Sprachkonzepte und -konflikte 1893–1933. (= Studia linguistica Germanica 87). Berlin/New York: de Gruyter.

558.   KINNE, Michael (1983): Zum Sprachgebrauch des deutschen Faschisten. Ein bibliographischer Überblick. In: Diskussion Deutsch 73/14, S. 518–521.

559.   LOEWENSTEIN, Kurt (1965): Die innerjüdische Reaktion auf die Krise der Deutschen Demokratie. In: Mosse, Werner E. (Hrsg.): Entscheidungsjahr 1932. Zur Judenfrage in der Endphase der Weimarer Republik. (= Schriftenreihe wissenschaftlicher Abhandlungen des Leo-Baeck-Instituts 13). Tübingen: Mohr, S. 349–403.

560.   MAURER, Trude (1986): Ostjuden in Deutschland 1918–1933. (= Hamburger Beiträge zur Geschichte der deutschen Juden 12). Hamburg: Christians.

561.   MOSSE, Werner E. (1965): Entscheidungsjahr 1932. Zur Judenfrage in der Endphase der Weimarer Republik. (= Schriftenreihe wissenschaftlicher Abhandlungen des Leo-Baeck-Instituts 13). Tübingen: Mohr.

562.   SCHAY, Rudolf (1929): Juden in der deutschen Politik. Berlin: Heine-Bund.

563.   VOLKOV, Shulameit (2000): Antisemitismus als kultureller Code. Zehn Essays. 2. erweiterte Auflage. (= Beck'sche Reihe 1349). München: Beck.

564.   WALTER, Dirk (1999): Antisemitische Kriminalität und Gewalt. Judenfeindschaft in der Weimarer Republik. Bonn: Dietz.

565.   WEIN, Susanne (2014): Antisemitismus im Reichstag. Judenfeindliche Sprache in Politik und Gesellschaft der Weimarer Republik. (= Zivilisationen und Geschichte 30). Frankfurt a. M.: Lang.

566.   WILDT, Michael (2007): Volksgemeinschaft als Selbstermächtigung. Gewalt gegen Juden in der deutschen Provinz 1919–1939. Hamburg: Hamburger Edition.

567.   WINKLER, Heinrich August (1981): Die deutsche Gesellschaft in der Weimarer Republik und der Antisemitismus. In: Martin, Bernd (Hrsg.): Die Juden als Minderheit in der Geschichte. München: DTV, S. 271–289.

568.   ZIEGE, Eva-Maria (2002): Mythische Kohärenz. Diskursanalyse des völkischen Antisemitismus. Konstanz: Universitätsverlag Konstanz.

569.   ZIMMERMANN, Moshe (1997): Die deutschen Juden 1914–1945. (= Enzyklopädie deutscher Geschichte 43). München: Oldenbourg.

4.3   Zum Weimarer Gesellschaftsbild

4.3.1   Medien

570.   ALBRECHT, Niels H. M. (2012): Die Macht einer Verleumdungskampagne. Antidemokratische Agitationen der Presse und Justiz gegen die Weimarer Republik und ihren ersten Reichspräsidenten Friedrich Ebert vom „Badebild" bis zum Magdeburger Prozess.
[http://elib.suub.uni-bremen.de/diss/docs/E-Diss358_albrecht.pdf]

571.   ASMUSS, Burkhard (1994): Republik ohne Chance? Akzeptanz und Legitimation der Weimarer Republik in der deutschen Tagespresse zwischen 1918 und 1923. (= Beiträge zur Kommunikationsgeschichte 3). Berlin/New York: de Gruyter.

572.   BACH, Jürgen A. (1977): Franz von Papen in der Weimarer Republik. Aktivitäten in Politik und Presse 1918–1932. Düsseldorf: Droste.

573.   BRAUNECK, Manfred (Hrsg.) (1973) Die Rote Fahne. Kritik, Theorie, Feuilleton. 1918–1933. (= UTB 127). München: Fink.

574.   CEBULLA, Florian (2001): „Rundfunk-Revolutionen". Freie und organisierte konservative und nationalsozialistische Agitation gegen den „System-Rundfunk" am Ende der Weimarer Republik. Siegen: o.V.

575.   DONAT, Helmut (Hrsg.) (1980): Das Andere Deutschland: Unabhängige Zeitung für entschieden republikanische Republik: Eine Auswahl (1925–1933). München: Autoren-Edition.

576.   DOVIFAT, Emil (1928): Die Presse. In: Mueller, Hermann/Stresemann, Gustav (Hrsg.): Zehn Jahre Deutsche Geschichte 1918–1928. Berlin: Stollberg, S. 501–512.

577.   DOVIFAT, Emil (1961): Die Publizistik der Weimarer Zeit. Presse, Rundfunk, Film. In: Reinisch, Leonhard (Hrsg.): Die Zeit ohne Eigenschaften. Eine Bilanz der zwanziger Jahre. Stuttgart: Kohlhammer, S. 119–136.

578.   EBERT, Helmut (1998): Wahlplakate aus der Weimarer Republik (1919–1933) und der Bundesrepublik (1949–1994). Bemerkungen zum Sprachstil. In: Muttersprache 108, S. 54–66.

579.   ELVERT, Jürgen (2005): Mitteleuropa im Urteil der nationalkonservativen Publizistik der Weimarer Republik. In: Durchardt, Heinz/Németh, István (Hrsg.): Der Europa-Gedanke in Ungarn und Deutschland in der Zwischenkriegszeit. (= Veröffentlichungen des Instituts für europäische Geschichte Mainz 66). Mainz: Philipp von Zabern in WBG, S. 127–142.

580.   FULDA, Bernhard (2009): Press and politics in the Weimar Republic. Oxford: Oxford University Press.

581.   HAARMANN, Hermann (1999): „Pleite glotzt euch an. Restlos". Satire in der Publizistik der Weimarer Republik. Ein Handbuch. Wiesbaden: Westdeutscher.

582.   KOSZYK, Kurt (1958): Zwischen Kaiserreich und Diktatur. Die sozialdemokratische Presse von 1914 bis 1933. (= Deutsche Presseforschung 1). Heidelberg: Quelle & Meyer.

583.   KOSZYK, Kurt (1972): Deutsche Presse 1914–1945. (= Geschichte der deutschen Presse 3; Abhandlungen und Materialien zur Publizistik 7). Berlin: Colloquium.

584.   KOSZYK, Kurt (1972): Paul Reusch und die „Münchner Neuesten Nachrichten". Zum Problem Industrie und Presse in der Endphase der Weimarer Republik. In: Vierteljahreshefte für Zeitgeschichte 20, S. 75–103.

585.   KRAUS, Hans Christof (Hrsg.) (2003): Konservative Zeitschriften zwischen Kaiserreich und Diktatur. Fünf Fallstudien. (= Studien und Texte zur Erforschung des Konservatismus 4). Berlin: Duncker & Humblot.

586.   KREBS, Diethart/STAHR, Henrik (1992): Berlin 1932. Die letzten Jahre der deutschen Republik. Politik, Symbole, Medien. Berlin: Hentrich.

587.   MOORES, Kaaren M. (1997): Presse- und Meinungsklima in der Weimarer Republik. Eine publizistikwissenschaftliche Untersuchung. Mainz: o.V.

588.   MÜLLER, Gerd (1978): Das Wahlplakat. Pragmatische Untersuchungen zur Sprache in der Politik am Beispiel von Wahlplakaten aus der Weimarer Republik und der Bundesrepublik. (= Germanistische Linguistik 14). Tübingen: Niemeyer.

589.   PETERSEN, Klaus (1995): Zensur in der Weimarer Republik. Stuttgart/ Weimar: Metzler.

590.   PLEYER, Hildegard (1959): Politische Werbung in der Weimarer Republik. Die Propaganda der maßgeblichen politischen Parteien und Gruppen zu den Volksbegehren und Volksentscheiden „Fürstenenteignung" 1926, „Freiheitsgesetz" 1929 und „Auflösung des Preußischen Landtages" 1931. Münster: Kramer.

591.   PUSCHNER, Uwe (2010): „Wildgeworden" und „gefährlich"! Die öffentliche Auseinandersetzung mit den Völkischen in ihrer Zeit. In: Merziger, Patrick/Stöber, Rudolf/Körber, Esther-Beate/Schulz, Jürgen-Michael (Hrsg.) (Hrsg.): Geschichte, Öffentlichkeit, Kommunikation. Stuttgart: Steiner, S. 109–126.

592.   RAUH, Sabine (1984): Das Feuilleton der deutschen Parteizeitungen 1924 bis 1929. Merkmale tendenziöser Kritik zu Film und Sprechtheater in der Weimarer Republik. Bochum: o.V.

593.   RÖPENACK, Arne von (2002): KPD und NSDAP im Propagandakampf der Weimarer Republik. Eine inhaltsanalytische Untersuchung in Leitartikeln von „Rote Fahne" und „Der Angriff". Stuttgart: Ibidem.

594.   RÖSCH, Gertrud Maria (Hrsg.) (1996): Simplicissimus. Glanz und Elend der Satire in Deutschland. (= Schriftenreihe der Universität Regensburg 23). Regensburg: Universitätsverlag Regensburg.

595.   SAAGE, Richard (1987): Die gefährdete Republik. Porträt der Zeitung des „Reichsbanners Schwarz-Rot-Gold". In: Saage, Richard (Hrsg.): Arbeiterbewegung, Faschismus, Neokonservatismus. Frankfurt a. M.: Suhrkamp, S. 56–80.

596.   SCHEWE, Lars (2003): „Der uns aufgezwungene Weltvertrag". Die Presse zum Frieden von Versailles. In: Schlosser, Horst Dieter (Hrsg.): Das Deutsche Reich ist eine Republik: Beiträge zur Kommunikation und Sprache der Weimarer Zeit. (= Frankfurter Forschungen zur Kultur- und Sprachwissenschaft 8). Frankfurt a. M.: Lang, S. 51–61.

597.   SCHUMANN, Dirk (2010): Politische Gewalt in der frühen Weimarer Republik (1919–1923) und ihre Repräsentation in der politischen Tagespresse. In: Daniel, Ute/Marszolek, Inge/Pyta, Wolfram/Welskopp, Thomas (Hrsg.): Politische Kultur und Medienwirklichkeiten in den 1920er Jahren. (= Schriftenreihe der Stiftung Reichspräsident-Friedrich-Ebert-Gedenkstätte 14). München: Oldenbourg, S. 279–310.

598.   SCHUSTER, Jan: Wahlplakate in der Weimarer Republik. Reichstagswahl 1928.
       [http://www.wahlplakate-archiv.de/wahlen/reichstagswahl–1928/]

599.   SCHUSTER, Jan: Wahlplakate in der Weimarer Republik. Reichstagswahl 1930.
       [http://www.wahlplakate-archiv.de/wahlen/reichstagswahl–1930/]

600.   SCHWARZ, Gotthart (1968): Theodor Wolff und das „Berliner Tageblatt". Eine liberale Stimme in der deutschen Politik 1906–1933. (= Tübinger Studien zur Geschichte und Politik 25). Tübingen: Mohr.

601.   SONTHEIMER, Kurt (1962a): Die Idee des Reiches im politischen Denken der Weimarer Republik. In: Geschichte in Wissenschaft und Unterricht 13/4, S. 205–221.

602.   STÖTZEL, Georg (1980): Konkurrierender Sprachgebrauch in der deutschen Presse. Sprachwissenschaftliche Textinterpretationen zum Verhältnis von Sprachbewußtsein und Gegenstandskonstitution. In: Wirkendes Wort 30, S. 39–53.

603.   TODOROW, Almut (1996): Das Feuilleton der „Frankfurter Zeitung" in der Weimarer Republik. Zur Grundlegung einer rhetorischen Medienforschung. (= Rhetorik-Forschungen 8). Tübingen: Niemeyer.

604.   WEISSMANN, Karlheinz (1989): Die Zeichen des Reiches. Symbole der Deutschen. Asendorf: Mut.

605.   WILDT, Michael (2009): Die Ungleichheit des Volkes. „Volksgemeinschaft" in der politischen Kommunikation der Weimarer Republik. In: Bajohr, Frank/Wildt, Michael (Hrsg.): Volksgemeinschaft. Neue Forschungen zur Gesellschaft des Nationalsozialismus. (= Fischer 18354). Frankfurt a. M.: Fischer, S. 24–40.

606.   WILPERT, Gabriele (1978): Wahlflugblätter aus der Weimarer Zeit. Untersuchung zur historischen Ausprägung eines Texttyps. (= Göppinger Arbeiten zur Germanistik 229). Göppingen: Kuemmerle.

4.3.2 Wirtschaft

607. FISCHER, Conan (2004): Soziale Verwerfungen im Ruhrkampf durch Hunger und Evakuierung. In: Krumeich, Gerd/Schröder, Joachim (Hrsg.): Der Schatten des Weltkriegs. Die Ruhrbesetzung 1923. (= Düsseldorfer Schriften zur neueren Landesgeschichte und zur Geschichte Nordrhein-Westfalens 69). Essen: Klartext, S. 149–167.

608. GEYER, Martin H. (1998): Verkehrte Welt. Revolution, Inflation und Moderne. München 1914–1924. (= Kritische Studien zur Geschichtswissenschaft 128). Göttingen: Vandenhoeck & Ruprecht.

609. GEYER, Martin H. (2010): Der Barmat-Kutisker-Skandal und die „Gleichzeitigkeit des Ungleichzeitigen" in der politischen Kultur der Weimarer Republik. In: Daniel, Ute/Marszolek, Inge/Pyta, Wolfram/Welskopp, Thomas (Hrsg.): Politische Kultur und Medienwirklichkeiten in den 1920er Jahren. (= Schriftenreihe der Stiftung Reichspräsident-Friedrich-Ebert-Gedenkstätte 14). München: Oldenbourg, S. 47–80.

610. KLEIN, Annika (2011): Hermes, Erzberger, Zeigner. Korruptionsskandale in der Weimarer Republik. In: Bulkow, Kristin/Petersen, Christer (Hrsg.): Skandale. Struktur und Strategien öffentlicher Aufmerksamkeitserzeugung. Wiesbaden: VS Verlag für Sozialwissenschaften, S. 44–46.

611. NUSSBAUM, Manfred (1978): Wirtschaft und Staat in Deutschland während der Weimarer Republik. Vaduz (Liechtenstein): Topos.

612. NUTOLO, Dominique (2003): Die Sprachlosigkeit einer Epoche. Die Vorstellungen von Wirtschaft in der öffentlichen Auseinandersetzung. In: Schlosser, Horst D. (Hrsg.): Das Deutsche Reich ist eine Republik. Beiträge zur Kommunikation und Sprache der Weimarer Zeit. (= Frankfurter Forschung zur Kultur- und Sprachwissenschaft 8). Frankfurt a. M.: Lang, S. 91–102.

613. NUTOLO, Dominique (2001): Wirtschaftssprache der Weimarer Republik. Frankfurt a. M.: o.V.

4.3.3 Justiz

614. JASPER, Gotthard (1982): Justiz und Politik der Weimarer Republik. In: Vierteljahreshefte für Zeitgeschichte 30/2, S. 167–205.

615. GUMBEL, Emil Julius (1927): Vier Jahre politischer Mord. Mit einem Geleitwort von Albert Einstein. Berlin: o.V.

616. KUHN, Robert (1983): Die Vertrauenskrise der Justiz (1926–1928). Der Kampf um die Republikanisierung der Rechtspflege in der Weimarer Republik. Köln: Bundesanzeiger.

617. PETERSEN, Klaus (1988): Literatur und Justiz in der Weimarer Republik. Stuttgart: Metzler.

4.3.4   Kunst und Kultur

618.   BORNGRÄBER, Christian (1977): Wem gehört die Welt? Kunst und Gesellschaft in der Weimarer Republik. 4. überarbeitete Auflage. Berlin: Neue Gesellschaft für Bildende Kunst.

619.   BARTZ, Thorsten (1997): „Allgegenwärtige Fronten". Sozialistische und linke Kriegsromane in der Weimarer Republik 1918 – 1933. Motive, Funktionen und Positionen im Vergleich mit nationalistischen Romanen und Aufzeichnungen im Kontext einer kriegsliterarischen Debatte. (= Europäische Hochschulschriften 1623). Frankfurt a. m.: Lang.

620.   DÜLFFER, Jost/KRUMEICH, Gerd (Hrsg.) (2002): Der verlorene Frieden. Politik und Kriegskultur nach 1918. (= Schriften der Bibliothek für Zeitgeschichte 15). Essen: Klartext.

621.   GAY, Peter (2004): Die Republik der Außenseiter. Geist und Kultur der Weimarer Zeit 1918–1933. Neuausgabe. (= Fischer-Taschenbücher 15950). Frankfurt a. m.: Fischer.

622.   HAARMANN, Hermann (1999): „Pleite glotzt euch an. Restlos". Satire in der Publizistik der Weimarer Republik. Ein Handbuch. Wiesbaden: Westdeutscher Verlag.

623.   HAHN, Michael (1995): Scheinblüte, Krisenzeit, Nationalsozialismus. Die Weimarer Republik im Spiegel später Zeitromane (1928–1932/3). (= Europäische Hochschulschriften 1542). Frankfurt a. m.: Lang.

624.   HERMAND, Jost (1989) Die Kultur der Weimarer Republik. (= Fischer-Taschenbücher 4397). Frankfurt a. m.: Fischer.

625.   HESSLER, Ulrike (1984): Bernard von Brentano. Ein deutscher Schriftsteller ohne Deutschland. Tendenzen des Romans zwischen Weimarer Republik und Exil. (= Europäische Hochschulschriften 778). Frankfurt a. m.: Lang.

626.   HOERES, Peter (2008): Die Kultur von Weimar. Durchbruch der Moderne. (= Deutsche Geschichte im 20. Jahrhundert 5). Berlin: be.bra.

627.   JOHN, Jürgen (1990): Sozial-, alltags- und kulturhistorische Aspekte der Geschichte der Weimarer Republik. In: Zeitschrift für Geschichtswissenschaft 38, S. 802–819.

628.   KITTSTEIN, Ulrich (2006): „Mit Geschichte will man etwas". Historisches Erzählen in der Weimarer Republik und im Exil (1918–1945). Würzburg: Königshausen & Neumann.

629.   KOLB, Eberhard/ROTERS, Eberhard/SCHMIED, Wieland (1985): Kritische Grafik in der Weimarer Zeit. Stuttgart: Klett-Cotta.

630.   KREBS, Diethart/STAHR, Henrik (1992): Berlin 1932. Die letzten Jahre der deutschen Republik. Politik, Symbole, Medien. Berlin: Hentrich.

631.   LAQUEUR, Walter (1977): Weimar. Die Kultur der Republik. (= Ullstein-Bücher 3383). Frankfurt a. m.: Ullstein.

632.   LETHEN, Helmut (1970): Neue Sachlichkeit 1924–1932. Studien zur Literatur des „Weissen Sozialismus". Stuttgart: Metzler.

633.   PETERSEN, Klaus (1988): Literatur und Justiz in der Weimarer Republik. Stuttgart: Metzler.

634.   PEUKERT, Detlev J. K. (1983): Der Schund- und Schmutzkampf als „Sozialpolitik der Seele". Eine Vorgeschichte der Bücherverbrennung. In: Haarmann, Hermann (Hrsg.): Das war ein Vorspiel nur. Bücherverbrennung Deutschland 1933. Voraussetzungen und Folgen. Ausstellung Akademie der Künste vom 8. Mai bis 3. Juli 1983. Berlin/Wien: Medusa, S. 51–63.

635.   SCHRADER, Bärbel/SCHEBERA, Jürgen (1987): Die „goldenen" zwanziger Jahre. Kunst und Kultur der Weimarer Republik. (= Kulturstudien Sonderband 3). Wien: Böhlau.

636.   SOMMER, Monika (1996): Literarische Jugendbilder zwischen Expressionismus und Neuer Sachlichkeit. Studien zum Adoleszenzroman der Weimarer Republik. (= Europäische Hochschulschriften 1545). Frankfurt a. M.: Lang.

637.   SPITS, Jerker (2003): „Versuch, ein Dekameron des Unterstandes zu schreiben". Zum Problem narrativer Kriegsbegegnung in den frühen Prosatexten Ernst Jüngers. In: Monatshefte 95/4, S. 683–684.

638.   WERNER, Bruno E. (1961): Literatur und Theater in den zwanziger Jahren. In: Reinisch, Leonhard (Hrsg.): Die Zeit ohne Eigenschaften. Eine Bilanz der zwanziger Jahre. Stuttgart: Kohlhammer, S. 50–81.

4.3.5   Jugend, Schule und Bildung

639.   BECKER, Hellmut/KLUCHERT, Gerhard (1993): Die Bildung der Nation. Schule, Gesellschaft und Politik vom Kaiserreich zur Weimarer Republik. Stuttgart: Klett-Cotta.

640.   BRUNS, Claudia (2008): Politik des Eros. Der Männerbund in Wissenschaft, Politik und Jugendkultur (1880–1934). Köln: Böhlau.

641.   BUSCH, Matthias (2016): Staatsbürgerkunde in der Weimarer Republik. Genese einer demokratischen Fachdidaktik. Bad Heilbrunn: Klinkhardt.

642.   CASPER, Hiltraud (1985): Zur Sprache der bündischen Jugend in der Weimarer Republik. In: Ermert, Karl (Hrsg.): Sprache, Sprachen, Sprachlosigkeit? Subkulturelle Formen der Kommunikation am Beispiel der Jugendsprache. Rehburg: Protokollstelle Evangelische Akademie Loccum, S. 200–224.

643.   CIUPKE, Paul (2007): Diskurse über Volk, Gemeinschaft und Demokratie in der Erwachsenenbildung der Weimarer Zeit. In: Ciupke, Paul (Hrsg.): „Die Erziehung zum deutschen Menschen". Völkische und nationalkonservative Erwachsenenbildung in der Weimarer Republik. (= Geschichte und Erwachsenenbildung 23). Essen: Klartext, S. 11–30.

644.   ERDMANN, Elisabeth (2004): Die „Dolchstoßlegende" in deutschen Schulbüchern von den 20er Jahren bis zur Gegenwart. In: Altrichter, Helmut (Hrsg.): Mythen der Geschichte. (= Rombach Wissenschaft Historiae 16). Freiburg: Rombach, S. 419–436.

645.   FÜHR, Christoph (1970): Zur Schulpolitik der Weimarer Republik. Die Zusammenarbeit von Reich und Ländern im Reichsschulausschuss (1919–1923) und im Ausschuss für das Unterrichtswesen (1924–1933). Darstellung und Quellen. Weinheim: Beltz.

646.   GENTSCH, Dirk H. (1994): Zur Geschichte der sozialdemokratischen Schulpolitik in der Zeit der Weimarer Republik. Eine historisch-pädagogische Analyse zur Schulpolitik der SPD in Deutschland in den Jahren von 1919 bis 1933. Eine Studie. Frankfurt a. M.: Lang.

647.   HELD, Joseph (1977): Die Volksgemeinschaftsidee in der deutschen Jugendbewegung. Tätigkeit und Weltanschauung einiger Jugendvereine zur Zeit der Weimarer Republik. In: Institut für Deutsche Geschichte Universität Tel Aviv (Hrsg.): Jahrbuch des Instituts für Deutsche Geschichte. Band 6. Tel Aviv: Nateev, S. 457–476.

648.   KRABBE, Wolfgang R. (Hrsg.) (1993): Politische Jugend in der Weimarer Republik. (= Dortmunder historische Studien 7). Bochum: Brockmeyer.

649.   RETTER, Hein (2004): Was heißt „demokratisches Denken" in der Weimarer Republik? Kritische Anmerkungen zum Konstrukt des Antidemokratismus und seiner Rezeption in der Erziehungswissenschaft. [https://www.tu-braunschweig.de/Medien-DB/paedagogik/sontheimer-kritik_doc.doc]

650.   REULECKE, Jürgen (2003): Utopische Erwartungen an die Jugendbewegung 1900–1933. In: Hardtwig, Wolfgang (Hrsg.): Utopie und politische Herrschaft im Europa der Zwischenkriegszeit. (= Schriften des historischen Kollegs Kolloquien 56). München: Oldenbourg, S. 199–218.

651.   ROEMHELD, Regine (1973): Die Einstellung der Pädagogen zu Staat, Volk und Politik in der Weimarer Republik. Ergebnisse einer Untersuchung von Lehrerzeitschriften. Dortmund: o.V.

652.   RUDLOFF, Michael (1995): Umkehr in die Irrationalität? Religion, Nation und Sozialismus in der Jugendbewegung nach dem ersten Weltkrieg. In: Rudloff, Michael (Hrsg.): Sozialdemokratie und Nation. Der Hofgeismarkreis in der Weimarer Republik und seine Nachwirkungen. Leipzig: Friedrich Ebert Stiftung, S. 76–94.

653.   SCHRÖDER, Peter (1996): Die Leitbegriffe der deutschen Jugendbewegung in der Weimarer Republik. Eine ideengeschichtliche Studie. (= Geschichte der Jugend 22). Münster: LIT.

654.   SOMMER, Monika (1996): Literarische Jugendbilder zwischen Expressionismus und Neuer Sachlichkeit. Studien zum Adoleszenzroman der Weimarer Republik. (= Europäische Hochschulschriften 1545). Frankfurt a. M.: Lang.

655. WALTER, Franz (1995): Zwischen nationaler Romantik und sozialde-
      mokratischer Reformpolitik. Der Hofgeismar-Kreis der Jungsozialis-
      ten und seine Wirkungen auf die SPD in der Weimarer Republik. In:
      Rudloff, Michael (Hrsg.): Sozialdemokratie und Nation. Der Hofgeis-
      markreis in der Weimarer Republik und seine Nachwirkungen. Leipzig:
      Friedrich Ebert Stiftung, S. 46–60.

656. WALTER, Franz (2011): „Republik, das ist nicht viel". Partei und Jugend
      in der Krise des Weimarer Sozialismus. (= Studien des Göttinger Ins-
      tituts für Demokratieforschung zur Geschichte politischer und gesell-
      schaftlicher Kontroversen 2). Bielefeld: Transcript.

4.3.6   Frauen und Emanzipation

657. BOCK, Petra (1995): Zwischen den Zeiten. Neue Frauen und die Weima-
      rer Republik. In: Bock, Petra/Koblitz, Katja (Hrsg.): Neue Frauen zwi-
      schen den Zeiten. Berlin: Hentrich, S. 14–37.

658. FRAUENGRUPPE FASCHISMUSFORSCHUNG (1981): Mutterkreuz und Ar-
      beitsbuch. Zur Geschichte der Frauen in der Weimarer Republik und im
      Nationalsozialismus. (= Fischer-Taschenbücher 3718). Frankfurt a. M.:
      Fischer.

659. FREVERT, Ute (1994): Frauen – Bewegt Euch! Die „Weibs-Bilder" der
      bürgerlichen Frauenbewegung im 19. und frühen 20. Jahrhundert. In:
      Blum, Mechthild/Nesseler, Thomas (Hrsg.): Weibsbilder. Das neue Bild
      der Frau in Gesellschaft und Politik. Freiburg: Rombach, S. 60–78.

660. FREVERT, Ute (1993): Frauen-Geschichte. Zwischen Bürgerlicher Ver-
      besserung und Neuer Weiblichkeit. 5. Auflage. (= Edition Suhrkamp
      1284). Frankfurt a. M.: Suhrkamp.

661. FREVERT, Ute (1979): Vom Klavier zur Schreibmaschine. Weiblicher Ar-
      beitsmarkt und Rollenzuweisungen am Beispiel weiblicher Angestell-
      ter in der Weimarer Republik. In: Kuhn, Annette/Schneider, Gerhard
      (Hrsg.): Frauen in der Geschichte. Frauenrechte und gesellschaftliche
      Arbeit der Frauen im Wandel. (= Geschichtsdidaktik 6). Düsseldorf:
      Schwann, S. 82–112.

662. HERVÉ, Florence (1995): Brot und Frieden. Kinder, Küche, Kirche. Wei-
      marer Republik 1918/19 bis 1933. In: Hervé, Florence (Hrsg.): Ge-
      schichte der deutschen Frauenbewegung. 5. neu bearbeitete und voll-
      ständig veränderte Auflage. Köln: Papyrossa, S. 85–110.

663. HEINSOHN, Kirsten (2000): Im Dienste der deutschen Volksgemein-
      schaft. Die „Frauenfrage" und konservative Parteien vor und nach
      dem Ersten Weltkrieg. In: Planert, Ute (Hrsg.): Nation, Politik und Ge-
      schlecht. Frauenbewegungen und Nationalsozialismus in der Moderne.
      (= Geschichte und Geschlechter 31). Frankfurt a. M./New York: Cam-
      pus, S. 215–233.

664. HEINSOHN, Kirsten (2002): „Volksgemeinschaft" als gedachte Ordnung.
      Zur Geschlechterpolitik in der Deutschnationalen Volkspartei. In:
      Boukrif, Gabriele (Hrsg.): Geschlechtergeschichte des Politischen. Ent-

würfe von Geschlecht und Gemeinschaft im 19. und 20. Jahrhundert. (= Geschlecht, Kultur, Gesellschaft 10). Münster: LIT, S. 83–106.

665.   KOCH, Christiane (1988): Berlin. Schreibmaschine, Bügeleisen und Muttertagssträuße. Der bescheidene Frauenalltag in den zwanziger Jahren. In: Soden, Kristina von/Schmidt, Maruta (Hrsg.): Neue Frauen. Die zwanziger Jahre. Berlin: Elefanten Press, S. 88–102.

666.   KNAPP, Ulla (1984): Frauenarbeit in Deutschland. Band 2: Hausarbeit und geschlechtsspezifischer Arbeitsmarkt im deutschen Industrialisierungsprozess, Frauenpolitik und proletarischer Frauenalltag zwischen 1800 und 1933. München: Minerva.

667.   MANZ, Ulrike (2007): Bürgerliche Frauenbewegung und Eugenik in der Weimarer Republik. (= Frankfurter Feministische Texte – Sozialwissenschaften 7). Königstein (Taunus): Helmer.

4.3.7   Kirche

668.   BAUMGARTNER, Alois (1977): Sehnsucht nach Gemeinschaft. Ideen und Strömungen im Sozialkatholizismus der Weimarer Republik. Paderborn: Schöningh.

669.   BAUMGARTNER, Alois (1990): Gemeinschaftsmythos im katholischen Denken der Weimarer Zeit. In: Baumgartner, Alois/Gauger, Jörg-Dieter (Hrsg.): Soziales Denken in Deutschland zwischen Tradition und Innovation. Bonn: Bouvier, S. 69–84.

670.   GERBER, Stefan (2012): Pragmatismus und Kulturkritik. Die politische Kommunikation des deutschen Katholizismus in der Anfangsphase der Weimarer Republik. In: Historische Zeitschrift 294/2, S. 361–390.

671.   HETTLING, Manfred (2001): Erlösung durch Gemeinschaft. Religion und Nation im politischen Totenkult der Weimarer Republik. In: Jureit, Ulrike (Hrsg.): Politische Kollektive. Die Konstruktion nationaler, rassischer und ethnischer Gemeinschaften. Münster: Westfälisches Dampfboot, S. 199–225.

672.   HUBER, Ernst Rudolf/HUBER, Wolfgang (Hrsg.) (1988): Staat und Kirche in der Zeit der Weimarer Republik (= Staat und Kirche im 19. und 20. Jahrhundert 4). Berlin: Duncker & Humblot.

673.   KOTOWSKI, Georg (1989): Auf dem Boden der gegebenen vollendeten Tatsachen! Der politische Katholizismus. In: Lehnert, Detlef/Megerle, Klaus (Hrsg.): Politische Identität und nationale Gedenktage. Zur politischen Kultur in der Weimarer Republik. Opladen: Westdeutscher Verlag, S. 159–180.

674.   KURZ, Roland (2007): Nationalprotestantisches Denken in der Weimarer Republik. Voraussetzungen und Ausprägungen des Protestantismus nach dem ersten Weltkrieg in seiner Begegnung mit Volk und Nation. (= Die lutherische Kirche, Geschichte und Gestalten 24). Gütersloh: Gütersloher Verlagshaus.

675.   LUTZ, Heinrich (1963): Demokratie im Zwielicht. Der Weg der deutschen Katholiken aus dem Kaiserreich in die Republik 1914–1925. München: Kösel.

676.   PRANTNER, Robert (1984): Kreuz und weiße Nelke. Christsoziale und Kirche in der 1. Republik im Spiegel der Presse (1918–1932). Wien: Böhlau.

677.   RUDLOFF, Michael (1995): Umkehr in die Irrationalität? Religion, Nation und Sozialismus in der Jugendbewegung nach dem ersten Weltkrieg. In: Rudloff, Michael (Hrsg.): Sozialdemokratie und Nation. Der Hofgeismarkreis in der Weimarer Republik und seine Nachwirkungen. Leipzig: Friedrich Ebert Stiftung, S. 76–94.

678.   SCHNEIDER, Michael (1982): Die christlichen Gewerkschaften 1894–1933. (Politik- und Gesellschaftsgeschichte 10). Bonn: Neue Gesellschaft.

4.3.8   Intellektuelle und Eliten

679.   BIALAS, Wolfgang (1996): Intellektuellengeschichtliche Facetten der Weimarer Republik. In: Bialas, Wolfgang/Iggers, Georg G. (Hrsg.): Intellektuelle in der Weimarer Republik. (= Schriften zur politischen Kultur der Weimarer Republik 1). Frankfurt a. M.: Lang, S. 13–30.

680.   GANGL, Manfred (Hrsg.) (2007): Intellektuellendiskurse in der Weimarer Republik. Zur politischen Kultur einer Gemengelage. 2. neubearbeitete und erweiterte Auflage. (= Schriften zur politischen Kultur der Weimarer Republik 10). Frankfurt a. M./New York: Campus.

681.   GANGL, Manfred (2007): Mythos der Gewalt und Gewalt des Mythos. Georges Sorels Einfluß auf rechte und linke Intellektuelle der Weimarer Republik. In: Gangl, Manfred/Raulet, Gérard (Hrsg.): Intellektuellendiskurse in der Weimarer Republik. Zur politischen Kultur einer Gemengelage. 2. Auflage. (= Schriften zur politischen Kultur der Weimarer Republik 10). Frankfurt a. M.: Lang, S. 243–266.

682.   GANGL, Manfred/RAULET, Gérard (Hrsg.) (2007): Intellektuellendiskurse in der Weimarer Republik. Zur politischen Kultur einer Gemengelage. 2. neu bearbeitete und erweiterte Auflage. (= Schriften zur politischen Kultur der Weimarer Republik 10). Frankfurt a. M.: Lang.

683.   GRAF, Rüdiger (2005): Die „Krise" im intellektuellen Zukunftsdiskurs der Weimarer Republik. In: Föllmer, Moritz/Graf, Rüdiger (Hrsg.): Die „Krise" der Weimarer Republik. Zur Kritik eines Deutungsmusters. Frankfurt a. M./New York: Campus, S. 77–107.

684.   LANGE, Carolin Dorothée (2012): Genies im Reichstag. Führerbilder des republikanischen Bürgertums in der Weimarer Republik. Hannover: Wehrhahn.

685.   SCHÖNBERGER, Christoph (2000): Elitenherrschaft für den sozialen Ausgleich. Richard Thomas „realistische" Demokratietheorie im Kontext der Weimarer Diskussion. In: Gusy, Christoph (Hrsg.): Demokrati-

sches Denken in der Weimarer Republik. (= Interdisziplinäre Studien zu Recht und Staat 16). Baden-Baden: Nomos, S.156–190.

4.3.9 Militarismus, Krieg und Pazifismusbewegung

686. BARTZ, Thorsten (1997): „Allgegenwärtige Fronten". Sozialistische und linke Kriegsromane in der Weimarer Republik 1918–1933. Motive, Funktionen und Positionen im Vergleich mit nationalistischen Romanen und Aufzeichnungen im Kontext einer kriegsliterarischen Debatte. (= Europäische Hochschulschriften 1623). Frankfurt a. M.: Lang.

687. CARSTEN, Francis Ludwig (1966): Reichswehr und Politik. 1918–1933. 3. Auflage. Köln: Kiepenheuer & Witsch.

688. CARTIER, Raymond (1982): Vom Ersten zum Zweiten Weltkrieg. 1918–1939. Mit Zeittafeln, Personen- und Sachregister. München/Zürich: Piper.

689. DONAT, Helmut (1981): Die radikalpazifistische Richtung in der deutschen Friedensgesellschaft (1918–1933). In: Holl, Karl/Wette, Wolfram (Hrsg.): Pazifismus in der Weimarer Republik. Beiträge zur historischen Friedensforschung. Paderborn: Schöningh, S. 27–45.

690. DÜLFFER, Jost/KRUMEICH, Gerd (Hrsg.) (2002): Der verlorene Frieden. Politik und Kriegskultur nach 1918. (= Schriften der Bibliothek für Zeitgeschichte 15). Essen: Klartext.

691. DUNKER, Ulrich (1977): Der Reichsbund jüdischer Frontsoldaten 1919–1938. Geschichte eines jüdischen Abwehrvereins. Düsseldorf: Droste.

692. GÖBEL, Walter (2005): Erster Weltkrieg und Weimarer Republik. Stuttgart: Klett Lerntraining.

693. GRUPP, Peter (1988): Vom Waffenstillstand zum Versailler Vertrag. Die außen- und friedenspolitischen Zielvorstellungen der deutschen Reichsführung. In: Bracher, Karl Dietrich/Funke, Manfred/Jacobsen, Hans-Adolf (Hrsg.): Die Weimarer Republik. 1918–1933. Politik, Wirtschaft, Gesellschaft. (= Schriftenreihe der Bundeszentrale für Politische Bildung 251). Bonn: Bundeszentrale für politische Bildung, S. 285–302.

694. HARDTWIG, Wolfgang (2005): Politische Kulturgeschichte der Zwischenkriegszeit 1918–1939. (= Geschichte und Gesellschaft Sonderheft 21). Göttingen: Vandenhoeck & Ruprecht.

695. HEINEMANN, Ulrich (1983): Die verdrängte Niederlage. Politische Öffentlichkeit und Kriegsschuldfrage in der Weimarer Republik. (= Kritische Studien zur Geschichtswissenschaft 59). Göttingen: Vandenhoeck & Ruprecht.

696. HOLL, Karl/WETTE, Wolfram (Hrsg.) (1981): Pazifismus in der Weimarer Republik. Beiträge zur historischen Friedensforschung. Paderborn: Schöningh.

697. KLEINAU, Wilhelm (1929) Stahlhelm und Staat. Eine Erläuterung der Stahlhelm-Botschaften. Berlin: Stahlhelm.

698. MAI, Gunther (2001): Europa 1918–1939. Mentalitäten, Lebensweisen, Politik zwischen den Weltkriegen. Stuttgart: Kohlhammer.

699. MÖLLER, Horst (1991): Folgen und Lasten eines verlorenen Krieges. Ebert, die Sozialdemokratie und der nationale Konsens. (Kleine Schriften Stiftung Reichspräsident-Friedrich-Ebert-Gedenkstätte 8) Heidelberg: Stiftung Reichspräsident-Friedrich-Ebert-Gedenkstätte.

700. NEITZEL, Sönke (2008): Weltkrieg und Revolution 1914–1918/19. (= Deutsche Geschichte im 20. Jahrhundert 3). Berlin: be.bra.

701. NUSS, Karl (1977): Militär und Wiederaufrüstung in der Weimarer Republik. Zur politischen Rolle und der Entwicklung der Reichswehr. Berlin: Militärverlag.

702. PYTA, Wolfram (2011): Der Erste Weltkrieg und seine Folgen in Deutschland und Frankreich. Kulturelle Deutungen und politische Ordnungsvorstellungen 1914–1933. In: Pyta, Wolfram/Kretschmann, Carsten (Hrsg.): Burgfrieden und Union sacrée. Literarische Deutungen und politische Ordnungsvorstellungen in Deutschland und Frankreich 1914–1933. (= Historische Zeitschrift Beihefte 54). München: Oldenbourg, S. 1–31.

703. ROHE, Karl (1966): Das Reichsbanner Schwarz Rot Gold. Ein Beitrag zur Geschichte und Struktur der politischen Kampfverbände zur Zeit der Weimarer Republik. (= Beiträge zur Geschichte des Parlamentarismus und der politischen Parteien 34). Düsseldorf: Droste.

704. SCHULZE, Hagen (1969): Freikorps und Republik 1918–1920. (= Wehrwissenschaftliche Forschungen 8). Boppard: Boldt.

705. SCHUMANN, Dirk (2001): Politische Gewalt in der Weimarer Republik 1918–1933. Kampf um die Straße und Furcht vor dem Bürgerkrieg. (= Veröffentlichungen des Instituts für Soziale Bewegungen 17). Essen: Klartext.

706. SPITS, Jerker (2003): „Versuch, ein Dekameron des Unterstandes zu schreiben". Zum Problem narrativer Kriegsbegegnung in den frühen Prosatexten Ernst Jüngers. In: Monatshefte 95/4, S. 683–684.

707. WETTE, Wolfram (1981): Einleitung. In: Holl, Karl/Wette, Wolfram (Hrsg.): Pazifismus in der Weimarer Republik. Beiträge zur historischen Friedensforschung. Paderborn: Schöningh, S. 9–25.

708. WETTE, Wolfram (2011): Militarismus in Deutschland. Geschichte einer kriegerischen Kultur. Frankfurt a. M.: Fischer.

709. WIRSCHING, Andreas (1999): Vom Weltkrieg zum Bürgerkrieg? Politischer Extremismus in Deutschland und Frankreich 1918–1933/39. Berlin und Paris im Vergleich. (= Quellen und Darstellungen zur Zeitgeschichte 40). München: Oldenbourg.

710.   ZIEMANN, Benjamin (2000): Das „Fronterlebnis" des ersten Weltkrieges. Eine sozialhistorische Zäsur? Deutungen und Wirkungen in Deutschland und Frankreich. In: Mommsen, Hans (Hrsg.): Der Erste Weltkrieg und die europäische Nachkriegsordnung. Sozialer Wandel und Formveränderung in der Politik. (= Industrielle Welt 60). Köln: Böhlau, S. 43–82.